AF364136

# El éxito de emprender con un desconocido

# El éxito de emprender con un desconocido

Una biografía de cómo lograr el éxito empresarial con un socio que no conoces

Francisco Navia

Segunda edición: 2026
ISBN 978-84-09-22653-5

# DEDICATORIA

A mi madre, quien sacrificó su propio bienestar para construir el de sus hijos. Una mujer que batalló contra la adversidad y salió adelante armada solo con una maleta vacía y una voluntad inquebrantable. Ella fue madre y padre a la vez cuando, a mis nueve años, la muerte de mi padre la obligó a convertirse en la jefa del hogar. Ella es mi inspiración para enfrentar la vida siempre con optimismo.

A mis hermanos. A pesar de la distancia, siempre hemos permanecido unidos, apoyándonos como un solo bloque. Porque el que se mete con uno, se mete con los tres.

A Carlos, mi apoyo incondicional. La fuerza silenciosa que materializó mi proyecto emocional y profesional.
A nuestra Sophia, por brindarnos la calma y la estabilidad necesaria en los momentos más difíciles.

# AGRADECIMIENTOS

A mi socia, amiga y hermana, Ángela. Mi compañera de mil batallas, en las verdes y en las maduras. Somos los mejores y no conocemos el miedo. ¡Nuestro sueño se ha cumplido! Y siempre nos quedará nuestro real y medio.

A Elizabeth, quien siempre será la «E» de nuestros éxitos. Gracias por presentarme a Ángela y por haber engendrado este «trío de amores extraños» que fue el proyecto AFE.

A Rodolfo, la verdadera hormiga de batalla. Colaborador incansable que hizo suyo el proyecto AFE sin ningún interés personal, comprendiéndonos en los momentos más duros y demostrando, en repetidas ocasiones, la enorme calidad humana que posee.

A Juan, con quien no hablo tanto como debería. Gracias, hermano, por darme las fuerzas necesarias para tomar la decisión de emigrar y por ser mi paño de lágrimas durante los primeros días de incertidumbre.

Al pueblo dominicano, ese ser especial cuya grandeza es mayor de lo que él mismo cree. Un pueblo alegre que lleva la música en la sangre y la bondad en el corazón. Nunca me cansaré de agradecerles por haberme adoptado como uno de los suyos.

A todos aquellos que creyeron en nosotros y especialmente a los que no lo hicieron. Todos ustedes nos hicieron más fuertes y mejores profesionales.

No sé exactamente en qué momento decidí escribir este libro. Quizás fue durante una de esas noches de insomnio en Santo Domingo, cuando la cabeza no para de dar vueltas y uno se pregunta cómo llegó hasta aquí. O quizás fue mucho antes, cuando por quinta vez me encontraba en el punto de partida de un emprendimiento, con la misma mezcla de ilusión y terror que siente un paracaidista justo antes de saltar al vacío.

Lo que sí recuerdo con claridad es la motivación. Cada vez que me invitaban a dar una charla en alguna universidad o foro de negocios, al terminar, alguien se me acercaba con la misma pregunta: «¿Y cómo lo hiciste?». No preguntaban por la tecnología ni por el modelo de negocio. Preguntaban por lo humano, por lo emocional, por ese terreno pantanoso que ningún MBA te enseña a transitar. Querían saber cómo se sobrevive a la incertidumbre de emprender en un país ajeno con un socio al que acabas de conocer. Y yo me quedaba pensando que mi respuesta —honesta, desordenada, llena de contradicciones— quizás le servía más a esa persona que cualquier manual con infografías y diagramas de flujo.

Este libro no nació en un escritorio. Nació en aeropuertos de madrugada, en habitaciones de hotel con olor a ozono, en cafeterías donde el café se enfriaba mientras trazábamos el futuro en servilletas. Nació en las llamadas telefónicas que te despiertan a las tres de la mañana porque un servidor se cayó y hay un banco entero sin servicio. Nació, sobre todo, en los silencios: esos momentos en los que tu socia y tú se miran después de una reunión desastrosa y ninguno dice nada porque las palabras no alcanzan para describir la mezcla de frustración y determinación que llevan por dentro.

Escribo desde la vulnerabilidad, y lo hago a propósito. La literatura empresarial está saturada de historias contadas desde la cima, donde el autor ya resolvió todos sus problemas y te mira desde arriba con una sonrisa condescendiente. Yo no quiero hacer eso. Quiero contarte la historia mientras todavía tengo barro en los zapatos, porque creo que ahí reside su verdadero valor. No soy un gurú. Soy un tipo que se equivocó muchas veces, que confió en las personas equivocadas, que pagó los boletos de avión más caros de su vida para una reunión que no sirvió de nada, y que a pesar de todo eso sigue de pie. No porque sea especial, sino porque decidió que rendirse no era una opción.



Quiero ser transparente sobre algo: este no es un libro imparcial. Está escrito desde mi perspectiva, con mis sesgos, mis rencores digeridos y mis gratitudes a flor de piel. Los nombres de algunas personas han sido cambiados, no por cobardía, sino por respeto a la complejidad de las relaciones humanas. Lo que no he cambiado es la esencia de lo que viví. Cada frustración, cada victoria pequeña, cada noche en la que pensé en tirar la toalla está aquí, tal como la recuerdo.

Si estás leyendo esto desde una oficina donde sientes que tu cargo es de papel, si llevas meses dándole vueltas a una idea que no te deja dormir, si te asusta la posibilidad de confiar en alguien que apenas conoces pero que podría ser la pieza que te falta, entonces estas páginas son para ti. No te voy a decir que el camino es fácil, porque estaría mintiendo. Lo que sí te puedo prometer es que es posible. Y a veces, eso es todo lo que necesitas escuchar para dar el primer paso.

En estas páginas encontrarás mis cicatrices convertidas en lecciones. No todas son bonitas, pero todas son reales. Y si al terminar de leer sientes que algo se movió dentro de ti, que una idea dejó de ser un «algún día» para convertirse en un «¿por qué no ahora?», entonces este libro habrá cumplido su propósito.

Solo te pido una cosa: léelo sin prisa. No es una novela de suspenso ni un manual que debas memorizar. Es una conversación entre tú y yo, como esas que se tienen en un café a media tarde, cuando ya se pasó la hora del almuerzo y nadie quiere levantarse porque la charla está demasiado buena. Tómate tu tiempo. Subraya lo que te haga sentido. Discrepa con lo que no te convenza. Y, sobre todo, permítete sentir lo que estas páginas te provoquen, porque emprender es, ante todo, un acto profundamente emocional.

# PRÓLOGO

Emprender suele venderse como una epopeya romántica: una idea brillante concebida en un garaje, un equipo de amigos inseparables y un camino ascendente, sin fricciones, hacia la gloria. Sin embargo, la realidad de quien decide arriesgarlo todo en una tierra ajena —con un presupuesto limitado y un socio al que apenas conoce— dista mucho de esa postal idílica. La verdadera historia del éxito no se escribe con tinta de oro, sino con el esfuerzo de quien ha tenido que reinventarse tras cada caída.

Este libro no es un manual de reglas mágicas ni una colección de fórmulas predecibles. Es el testimonio crudo de alguien que entendió que los negocios no se construyen solo con capital, sino también con una ética innegociable y la capacidad de levantarse cuando el mundo parece desmoronarse. Francisco Navia nos invita a recorrer su trayectoria no desde el pedestal del triunfo consolidado, sino desde el barro de las oficinas compartidas, los cargos que solo existen en papel y la incertidumbre de una maleta vacía en un aeropuerto de madrugada.

*El éxito no es un destino final; es la fortaleza que desarrollas mientras el camino intenta detenerte.*

Lo que hace de *El éxito de emprender con un desconocido* una obra necesaria en el panorama actual es su honestidad brutal. Aquí no encontrarás la soberbia del académico, sino la humildad del profesional que se atrevió a ser un pez pequeño en una pecera llena de tigres. Es la crónica de un tecnólogo que tuvo que aprender el lenguaje del comercio a golpes de realidad y, sobre todo, el relato de una sociedad improbable que demuestra que la confianza es el activo más valioso de cualquier balance contable.

*No emprendes cuando tienes todas las respuestas. Emprendes cuando ya no soportas las mismas preguntas.*

A través de estas páginas, el autor nos recuerda que emprender es una montaña rusa emocional, donde manejar el pánico es tan importante como optimizar una infraestructura tecnológica. Para el emprendedor que apenas comienza, para el inmigrante que busca su lugar en nuevas latitudes y para el profesional que siente que su cargo es una jaula de cristal, esta obra funciona como una brújula, a la vez humana y estratégica.

Prepárate para sumergirte en una historia en la que los fracasos son los cimientos y la decisión de confiar en un desconocido se convierte en el mayor acierto de una vida. Porque, al final del día, el éxito solo llega a quienes tienen el valor de seguir caminando incluso cuando no pueden ver el suelo bajo sus pies.

*Bienvenido a la realidad del éxito.*

# CAPÍTULO I
## Crecer y confiar en ti

A muchos nos pasa. Llega un momento en el que aparece una idea insistente. No sabes si es por la edad, por puro agotamiento o por una incomodidad interna que no terminas de explicar, pero el pensamiento se instala: quiero emprender. No es un proceso ordenado. No llega con un plan de negocios bajo el brazo ni trae manual de instrucciones. Solo aparece… y se queda.

Entonces haces lo que hace casi todo el mundo: buscas a alguien más. Te reúnes con un amigo, con un conocido o con un compañero de trabajo. Se sientan, hablan, especulan y, en el fondo, esperas que el otro tenga la gran idea. Pero nadie la tiene. Así comienza un ciclo peligroso: reuniones sin dirección, entusiasmo sin estructura y conversaciones circulares que no llevan a nada. Yo también estuve ahí. Demasiadas veces.

---

*No emprendes cuando quieres. Emprendes cuando ya no encajas.*

---

Si soy honesto, esa no es toda la historia. Al mirar hacia atrás, me doy cuenta de que ese impulso no nació en la adultez; viene de mucho antes, incluso desde mis días en la universidad. En aquel entonces ya había intentado emprender en varias ocasiones. Probé en solitario y probé en grupo, pero ninguno de esos intentos fue realmente exitoso. Esto me lleva a una pregunta incómoda: ¿qué es lo que nos empuja a intentarlo una y otra vez, incluso después de fallar?

No tengo una respuesta clara. De hecho, este libro no pretende dártela. Esto no es un manual técnico ni una guía de pasos numerados que te dirá exactamente qué hacer. La mayoría de esas respuestas son profundamente personales. Lo que sí puedo ofrecerte es algo más honesto: mi historia. Mis errores, mis decisiones, mis fracasos y los pocos aciertos que llegaron después. Este no es un camino recto; tiene subidas, bajadas y algunos acantilados. Pero, como bien decía Joan Manuel Serrat: «Caminante, no hay camino… se hace camino al andar».

Retrocedamos un poco. Años atrás, en la Escuela de Computación de la Universidad Central de Venezuela, viví una etapa que hoy recuerdo con una mezcla de orgullo y frustración. Mi problema no era entender la carrera; mi verdadero problema era sobrevivir a ella. Las materias numéricas eran un obstáculo constante que me costaba más de lo que estaba dispuesto a admitir. Ese estancamiento empezó a afectar algo más peligroso que mis notas: mi estado emocional. Me sentía atrapado. Fue precisamente esa incomodidad la que sembró la primera semilla real del emprendimiento. Necesitaba hacer algo que me sacara de allí.

En medio de esa frustración, ocurrió algo que no olvido. Nora, una de las mejores profesoras que he tenido, revisó mis notas y, sin adornos, me soltó una verdad directa: «Mijo… pero ni que tú fueras a vivir de la Matemática. La mayoría de eso nadie lo usa al salir de acá». Fue una bofetada de realidad necesaria. Tenía razón. Mis calificaciones en informática eran casi perfectas; el problema no era mi capacidad, sino dónde estaba poniendo mi atención. A esa mujer la respeto profundamente porque fue de las primeras personas que me hizo entender que el problema no siempre es la falta de talento, sino la falta de enfoque.

Sus clases eran cualquier cosa menos convencionales. El primer día llegó con un termo de agua, pantalones de mallas y un dominó. «Jóvenes, acá aprenderemos a hacer algoritmos», nos dijo. Nadie entendía nada en ese momento, pero todos aprendimos.

Para entonces, yo seguía siendo extremadamente introvertido. Me movía con comodidad solo dentro de un círculo de amigos muy reducido. Justo en ese contexto apareció mi primera oportunidad «real». Internet estaba en plena expansión y tener una página web sonaba a futuro y a rentabilidad. Dos compañeros me buscaron para unirme a una empresa de desarrollo web que estaban abriendo. Acepté. Era emocionante y nuevo; en teoría, el inicio de algo grande. Pero duró poco. Muy poco.

Aunque al principio parecía un proyecto de equipo, rápidamente entendí la realidad: yo no era un socio. Era un empleado sin salario, sin voz y sin control. Las decisiones no se compartían, el ambiente se volvió unilateral y la dinámica cambió por completo. Fue entonces cuando algo dentro de mí se encendió. No fue por el dinero; fue por el respeto. Decidí salirme antes de que el proyecto terminara dañando también la amistad.



Esa experiencia me dejó una duda que me acompañaría durante años: ¿es mejor emprender solo o acompañado? No tenía la respuesta, pero tenía claro que no quería volver a sentirme así. Entendí que, si quería emprender de verdad, el primer cambio debía ser interno. Tenía que dejar de ser invisible. Ser un buen técnico no era suficiente; necesitaba aprender a relacionarme, a comunicar y a conectar. En el mundo real, las oportunidades no siempre llegan por lo que sabes, sino por quién te conoce.

Ese fue mi punto de quiebre. Tomé un curso de Lenguaje y Oratoria de un solo fin de semana. No fue magia ni me volví extrovertido de la noche a la mañana, pero comprendí algo clave: la comunicación es una herramienta de negocio, y decidí desarrollarla. Después vino la segunda herramienta vital: enseñar. Empecé a dar clases prácticas en la universidad siendo aún estudiante. Allí descubrí que el conocimiento no vale nada si no se transmite bien y, más aún, que la confianza no se construye solo con saber, sino demostrando que sabes.

Con el tiempo fui construyendo seguridad. No arrogancia, sino seguridad. La diferencia es enorme. Sin embargo, también descubrí algo incómodo sobre mi personalidad: no soy una persona fácil. No me conformo ni ejecuto tareas solo por cumplir. Siempre quiero mejorar, optimizar e innovar. Eso me convirtió en una especie de «oveja negra» dentro del sistema, porque, curiosamente, mis alumnos aprobaban, y eso no siempre era bien visto. Existe una cultura silenciosa en muchos sistemas educativos basada en hacer sufrir al estudiante. Nunca estuve de acuerdo. Siempre he pensado que, si el alumno fracasa, el docente también ha fallado.

Hacia el final de la carrera, entré al Centro de Computación Paralela y Distribuida. Fue un salto importante donde empecé a trabajar en proyectos con impacto real. De repente, todo parecía alinearse: participaciones académicas, reconocimiento profesional e interés de empresas importantes. Por primera vez sentí que estaba en el lugar correcto. Pero la vida y los negocios tienen una única constante: nada es permanente.

Lo que parecía una etapa sólida desapareció de golpe. Proyectos cancelados, equipos desmantelados y oportunidades que simplemente se evaporaron. De un momento a otro, no quedó nada. Literalmente, nada. Recuerdo volver a la oficina tiempo después; estaba vacía. Sin equipos, sin gente, sin futuro. Solo un espacio lleno de silencio y una pregunta inevitable: «¿Y ahora qué hago?».

Ahí volvió el impulso. Más fuerte que antes. El deseo de emprender regresó, pero esta vez no era por curiosidad. Era por necesidad. Con eso empezó el verdadero camino. No el idealizado ni el romántico, sino el real. Porque emprender no siempre empieza con una gran idea; a veces empieza cuando ya no tienes otra opción.

# CAPÍTULO II

## Fallar, levantarse y volver a fallar

Había pasado alrededor de una semana desde la propuesta de Ben y yo aún no tomaba una decisión. Lo único que tenía claro era que necesitaba un plan B. Mi área dentro de la organización tenía los días contados y me vi arrastrado, nuevamente, al estrés de las entrevistas de trabajo. Seguía en la empresa, pero no estaba conforme; mi cargo de gerente era puramente nominativo. Aunque le tengo un cariño enorme a esa compañía, con el tiempo comprendí que nunca fui visto como un par por el resto de los ejecutivos.

Me enteré de que los otros gerentes recibían compensaciones adicionales y beneficios de los cuales fui excluido bajo un manto de discreción. Incluso me dejaban fuera de reuniones de alta gerencia donde mi presencia era obligatoria. Mi molestia era profunda: me habían usado porque el cliente exigió específicamente que fuera yo quien lo atendiera. Esa era la única realidad. Tras ese descubrimiento, me pregunté: «¿Realmente estaría dispuesto a iniciar un negocio con Ben?». Decidí renunciar sin preaviso; no tenía sentido hacerlo cuando el área ya no tenía proyectos pendientes y, sinceramente, no quería que me siguieran viendo la cara de idiota al cruzar la puerta.

*El problema no es fallar… es no entender por qué fallaste.*

Me preguntaba qué habilidades debía adquirir para que esto no se repitiera, pero no las obtuve de inmediato. A los pocos días, acepté el puesto de director de operaciones en una nueva empresa dedicada al envío de SMS, donde el cargo parecía igual de nominal. Aunque parezca simple, mucha gente se gana la vida enviando esos «mensajitos», y el proceso tiene su complejidad. El ambiente con los compañeros era agradable, pero yo sabía que ese era solo un empleo de transición. En «Teracom», como decidí llamarla, no estaría por mucho tiempo.

Entonces Ben, mi antiguo jefe, me llamó para retomar su propuesta de abrir una empresa en República Dominicana. Saqué cuentas: no tenía todo el capital, pero podía ir invirtiendo poco a poco con mi salario actual. Mi duda principal no era financiera, sino ética: ¿estaba dispuesto a empezar de nuevo con alguien que ya me había utilizado? Finalmente acepté. Coordinamos una reunión en un club de la capital que parecía congelado en el tiempo. Debía dejar claro que, en esa mesa, él ya no era mi jefe.

La sorpresa llegó al sentarnos: allí estaba George, uno de mis primeros jefes, conocido por hablar mucho y hacer poco. Él sería el tercer socio porque, según Ben, mantenía los contactos y era buen vendedor. Para ese instante, ya estaba montado en el burro y no me quedaba más que arrearlo; además, me llevaba bien con George. La propuesta era vender servicios de autenticación por voz, algo muy avanzado para la época. Ben aseguraba que el negocio estaba listo porque un amigo suyo, director de un banco en Dominicana, había dado el visto bueno.

Empezamos desde cero. Las reuniones se volvieron constantes, repartidas entre el club y la casa de Ben. Logramos contactar proveedores, tuvimos sesiones intensas para definir el nombre y la imagen corporativa, y montamos las presentaciones. O, mejor dicho: yo hice el logo, yo trabajé la imagen y yo monté las presentaciones. La situación empezaba a darme urticaria, pero mi enfoque estaba en la oportunidad de iniciar algo fuera de Venezuela, donde las cosas ya se complicaban.

Viajamos a República Dominicana para formalizar la empresa y realizar reuniones de preventa. Nos hospedamos en el mismo hotel; Ben ya estaba allá porque su otra compañía aún operaba en la isla. Al final de la tarde, subimos al piso corporativo para conocer a nuestro cliente y futuro socio, Jesús. Era un hombre agradable y la charla fluía bien, hasta que Ben soltó la bomba: «Bueno, por fin estamos reunidos los cuatro socios».

¿Cuatro socios? George y yo nos miramos con indignación. Tenía frente a mí a un zorro viejo que, una vez más, manipulaba los acuerdos iniciales. Jesús se retiró para atender una llamada y Ben insistió en que era vital tenerlo dentro para cerrar la venta. Mi inmadurez empresarial me llevó a acceder; ya había invertido dinero y estaba en otro país. La opción era seguir o perderlo todo y volver. Al día siguiente firmamos los documentos, pero Jesús puso a su hijo como accionista. Algo no olía bien, pero quise convencerme de que era por sus restricciones con el banco.

Hicimos reuniones con telefónicas y otros bancos; la tecnología de avanzada que ofrecíamos generaba entusiasmo. Regresé a Caracas a mi empleo en Teracom mientras seguía trabajando en demos y presentaciones de forma remota. Sin embargo, el día de la gran presentación nunca llegaba. Nos decían que el banco estaba en procesos de fusión y cambios tecnológicos. Pasaron los meses sin avances ni ventas, y seguir inyectando capital ya no parecía una opción razonable.

Desde Dominicana pedían que alguien viajara para apoyar, pero ninguno quería soltar su único ingreso seguro. Contratamos a un vendedor recomendado por Ben que no me convenció desde la entrevista, pero decidí confiar en sus referencias. Tres meses de salarios y rentas después, tuvimos que cancelar su contrato. Jesús logró colocar un producto de monitoreo mexicano que nos dio un respiro, pues en Venezuela el control de cambio ya estrangulaba la economía y comprar divisas era carísimo. El ingreso alcanzaba para la oficina, pero nadie tenía salario.

La situación era insostenible: socios en países distintos, sin ventas claras y con Ben exigiendo un aporte de capital de cientos de miles de dólares. Para mí era impensable. Tomé la iniciativa: «Me retiro, les vendo mi participación por lo mismo que invertí». Tras dos meses de negociaciones, Jesús aceptó pagarme por partes. Con Ben y George no volví a hablar; nunca hubo afinidad real.



Seguí en el empleo que garantizaba mi sustento y agradecí al universo no haberlo abandonado. Pero noté que mi equipo de trabajo tenía las mismas ansias de emprender que yo. Tras muchas reuniones fuera de horario, surgió una oportunidad: unos conocidos buscaban desarrolladores de aplicaciones móviles. Así nació «Código4», con cuatro socios técnicos y económicos en igualdad de condiciones. Logramos colocar aplicaciones en el mercado y patrocinar eventos; no vivíamos de eso, pero el negocio se mantenía solo.

A nuestros jefes en Teracom no les hacía gracia, pero nuestros objetivos allí se cumplían con creces: optimizamos una plataforma para que soportara veinte millones de mensajes mensuales en lugar de doscientos mil. Entonces, el principal banco del Estado nos llamó. Necesitaban una aplicación temporal mientras Teracom terminaba la oficial, que llevaba un año de retraso. Vimos la simbiosis perfecta: el banco resolvía su problema, nuestro empleador aumentaba su tráfico de mensajes y nosotros lanzábamos un producto importante.

Lo logramos en quince días. La satisfacción fue enorme y el banco estaba encantado. Desarrollamos más aplicaciones para marcas y eventos de tecnología, pero seguíamos sin un ingreso recurrente que nos permitiera dejar los empleos tradicionales. En Teracom, mientras tanto, yo acompañaba al equipo de ventas porque mi seguridad técnica cerraba contratos. Se nos ocurrió ofrecerles una herramienta de notificaciones push de Código4 para complementar los SMS; la propuesta fue bien recibida y empezamos a trabajar en el piloto.

De pronto, el ambiente cambió. Contrataron personal externo como asesores, gente ajena al negocio y con pocas habilidades técnicas, lo que generó disgustos en toda la gerencia. Empezaron a contratar amigos y familiares para desarrollos paralelos: el sobrino para incidencias, el esposo para innovación, el hermano para la plataforma. Se perdió el control operativo. Volví a sentir que mi cargo era de papel; las felicitaciones sobraban, pero las decisiones se tomaban entre amigos.

La cereza del pastel fue enterarnos de que la propuesta de notificaciones push que Código4 había presentado, y que ellos habían aprobado, estaba siendo implementada por uno de esos «amigos». En ese instante me dije: «No hay nada más que hacer aquí». Mi personalidad no me permitiría ser un empleado que se conforma ante la mezquindad y el error corporativo.

# CAPÍTULO III
## Reintentar. No todas las experiencias son iguales

Corre el mes de enero del 2012 en Caracas. Me encontraba tomando un café con Elizabeth, una amiga que también era mi compañera de trabajo desde hacía un año. Ella estaba al tanto de nuestro proyecto paralelo de aplicaciones móviles, aunque se mantenía totalmente fuera de este. Ambos compartíamos una ansiedad creciente por independizarnos laboralmente, así que empezamos a analizar qué opciones de desarrollo teníamos en ese instante. Sí, en mi caso personal, ¡era ya el quinto intento!

Comenzamos conversando sobre nuestras fortalezas: qué sabíamos hacer cada uno, con qué contactos contábamos, cuál era nuestro capital inicial y, sobre todo, dónde deseábamos emprender. Hasta ese momento, el entusiasmo nos desbordaba, pero seguíamos estancados en el punto donde muchos se detienen: no teníamos claro el servicio o producto que íbamos a comercializar. Con Eli logré una gran empatía; es una persona jovial y alegre que se convirtió en una gran amistad.

Ella era una vendedora experta en el área bancaria. Habíamos trabajado para la misma organización años atrás sin siquiera conocernos ni tener referencias el uno del otro. En sus últimas compañías, se había destacado como una de las vendedoras estrella en el área de cajeros automáticos. Por mi parte, yo era un tecnólogo puro que venía de proyectos científicos, con experiencia técnica, investigativa y en telecomunicaciones; básicamente, el que tenía el cargo «en papel». Me repetí a mí mismo que una vendedora es la pieza clave en cualquier emprendimiento, porque yo, el hijo de María Luisa, no sé vender ni agua en el desierto.

¿Qué me motivó a emprender con ella? Definitivamente, la frustración corporativa. Soy una persona hiperactiva e innovadora que siempre busca mejoras tecnológicas. Sentirme atado de manos en decisiones que consideraba vitales, el desplazo en temas donde mi punto de vista era importante pero obviado y, sobre todo, haber perdido la «empatía» organizacional me empujaron a buscar alternativas urgentes para renovar mi «poder profesional».

Algo que descubrimos después es que ambos trabajamos para el mismo grupo de empresas anteriormente sin haber coincidido. Fue una serie de casualidades que lograron sincronizar lo que en un futuro sería AFE. No entendía cómo no llegué a conocerla en la empresa que consideraba mi mejor experiencia laboral, pero el destino une a las personas en el momento correcto, y esta era la ocasión.

---

*El destino no une a las personas por azar, sino por preparación.*

---

Volviendo al café, como hacíamos casi todas las tardes, Eli y yo decidimos buscar opciones de emprendimiento en la República Dominicana. Muchos se preguntaban por qué en una isla tan pequeña, y mi respuesta, más allá del nexo emocional y la empatía por su gente, era clara: yo tenía más de ocho años de experiencia en ese mercado, gozaba de contactos en las operadoras móviles y, para sorpresa de muchos, era un país donde la economía se movía como pocas en la región. Decidimos, finalmente, «vender algo en República Dominicana». Inicialmente pensamos en mensajes de texto.

Ya contábamos con las decisiones básicas: sabíamos qué venderíamos y dónde lo haríamos. Teníamos el poder tecnológico y el de ventas en los socios fundadores. Sin embargo, faltaba un punto crucial: la parte financiera. Necesitábamos a alguien que aportara el conocimiento para el manejo de las finanzas. No quería repetir la experiencia de abrir una empresa en Dominicana y continuar con problemas financieros que nos llevaran al cierre. Eso de ser positivo no va mucho conmigo; me considero más realista que optimista, y a esas alturas no estaba para seguir repitiendo errores.

Eli propuso incorporar a una amiga suya, conocedora del producto y que había sido gerente en diversos países de Latinoamérica en una empresa de mensajería similar. Mis experiencias previas con referidos de antiguos socios no eran alentadoras; además, yo conocía muy bien al equipo de finanzas de la empresa de donde veníamos. En mi cabeza, me imaginé a una señora mayor, con aires de prepotencia y de la vieja escuela. Pero nada perdía con acceder; no habíamos puesto dinero sobre la mesa y debíamos ser ecuánimes.

El 24 de enero de 2012 nos reunimos con Ángela en el Centro San Ignacio de Caracas, el lugar donde se fundarían las primeras oficinas de AFE. Yo estaba sentado frente a la entrada y vi llegar a una mujer vestida con ropa de marca de pies a cabeza, con pashmina y anteojos negros extragrandes, desfilando cual pasarela. Me dije: «Esto no va a funcionar». Necesitábamos a alguien que se arremangara las mangas y trabajara como hormiga, hombro a hombro, no una modelo de Gucci o Prada. Hice uso de mi dosis de «hipocridina», sonreí y le di la bienvenida al grupo.

Elizabeth tomó la palabra para presentarnos y romper el hielo. Minutos después, mi primera impresión de Ángela había cambiado; me parecía una persona encantadora. Pero de agradable a ser una «hormiga trabajadora» hay un trecho por recorrer. Por lo menos, no era la señora mayor y arrogante que imaginé. Presenté el servicio de mensajes móviles SMS inteligentes que Eli y yo planeábamos para Dominicana. Al hablar de mi experiencia allá, Ángela rompió el hielo conmigo: resulta que habíamos trabajado en la misma telefónica, con las mismas personas y proyectos, pero desde empresas diferentes. Yo en el área técnica y ella en la comercial.

Éramos totales desconocidos que compartieron hasta el mismo restaurante en la celebración de la Serie del Caribe 2009, cuando ganó Venezuela. Éramos tres personas que coincidieron en empresas y lugares sin conocerse, salvo por Elizabeth, a quien yo conocía hacía un año. La reunión se volvió una conversación entre Ángela y yo, asombrados por las coincidencias. Eso generó un chorro de confianza mutua, porque ella también confesó que esperaba a un «gordito mayor bebedor de güisqui».

Terminamos el almuerzo con tareas específicas: Ángela contactaría a un abogado en Dominicana para el tema legal, yo iniciaría el análisis técnico y Eli el cronograma de ventas. Estábamos convencidos de ser el dream team.

Eli y yo nos preguntábamos cómo manejar esto con la empresa donde éramos empleados. Claramente era una competencia directa y no queríamos jugar sucio. Decidimos esperar una semana para ver el tema legal antes de renunciar. Sentía que pasaba por algo similar, pero no iba a dejarme influenciar por mi anterior intento fallido en la isla. Casualmente, Jesús me hizo el primer pago de mis acciones anteriores y lo invertí en este proyecto.

Debíamos buscar un nombre, dominio web e imagen corporativa. Nos llamaríamos AFE por nuestras iniciales, pero «AFE» a secas no decía nada. Como los documentos legales estaban listos, decidimos ser AFE Connecting Group, pues nuestro objetivo era ofrecer mecanismos de comunicación e interacción.

Llegó el momento: Eli y yo le hablamos del proyecto a nuestro jefe. Propusimos ser su marca en Dominicana, ya que ellos llevaban años intentándolo sin éxito. Su cara no decía nada; percibí molestia e intriga sobre cómo nosotros sí pudimos conectarnos allá y ellos no. Al día siguiente, los otros accionistas lo vieron positivo: no seríamos su marca, pero usarían nuestras conexiones para entregar mensajes. Uno de los accionistas, a quien estimo como una de las mejores personas del mundo, nos dijo que estaba entusiasmado por nosotros.

Acordamos alquilarles su plataforma tecnológica, ya que AFE no tenía arquitectura propia. Nos cobrarían por mensaje; era un impacto alto en el precio, pero necesario para iniciar. Pedí tres días de mis vacaciones acumuladas para viajar a Dominicana y firmar documentos. Eli y yo optamos por compartir habitación de hotel y el vuelo más económico, con ocho horas de tránsito. Ángela y yo usamos nuestros contactos para lograr reuniones en esos tres días, incluyendo al Banco Dominicano del Progreso.

Viajamos entre el 10 y el 13 de abril de 2012. Aproveché mi trayectoria en el Meliá Santo Domingo para lograr buenas tarifas; allí me hospedé por más de un año y el personal me hacía sentir como familia. Llegamos vía Panamá cerca del mediodía. Siempre era reconfortante llegar a esa ciudad. Fuimos directo al hotel para cambiarnos y salimos corriendo a una reunión en Orange. No había Uber; o pagabas cuarenta dólares por el taxi del hotel o pedías un «confortable con aire» por cinco dólares llamando a una compañía. Elegimos lo económico.

Ángela y yo no sabíamos que Orange se había mudado. Llegamos a un lugar vacío, pero como solemos ir quince minutos antes, corregimos la ruta y nos reencontramos con viejos amigos en la telefónica. Luego visitamos a Miguel y Jocelyn, personas magníficas, para ver los documentos de la compañía. Brindamos con cava y copas que Miguel tenía de sorpresa, y la celebración siguió en la Zona Colonial hasta la madrugada.

Al volver al hotel, Eli y yo fuimos a nuestra habitación compartida, seguros de haber tomado la decisión correcta. Lástima que a Elizabeth le cayeron mal unas «almejas» (y el licor de la celebración era cero alcohol, entiéndase el sarcasmo). En la mañana llamé a Ángela para auxiliarme con ella; ahí empezamos a perder la vergüenza, en pijamas y con cara de muertos. Le dimos el día libre a Eli y salimos a reunirnos con el resto de las telefónicas.

Nuestro último día visitamos al Banco Dominicano del Progreso. Estábamos ansiosos por ser nuestra primera visita formal a un cliente sin estar técnicamente conectados aún, pero honramos nuestro lema: Somos los mejores y no tenemos miedo. Mi primera aventura con algo propio había empezado y estaba convencido de que pintaba bien. La energía del grupo y la hermandad me daban una seguridad que nunca sentí antes. Regresamos a Caracas entusiasmados, con las baterías al máximo. Teníamos mucho que coordinar: no había arquitectura técnica, ni conexiones, ni personal, pero el futuro era nuestro.

# CAPÍTULO IV
## Rendir el presupuesto

Estamos de vuelta en casa y lo primero es reunirnos para evaluar cómo nos fue en el viaje. Siempre que se cumple una tarea, es vital analizar cómo fue realizada, cómo se sintió el equipo ejecutándola y si realmente sirvió para alcanzar el objetivo propuesto; solo así se pueden planificar con éxito las labores siguientes.

Algo fundamental en cualquier emprendimiento es el trabajo en equipo: todos deben estar sintonizados en la misma frecuencia y empujar con fuerza hacia la misma dirección. Es imperativo no guardar ninguna inconformidad con el comportamiento de los compañeros que nos acompañan en esta travesía. Afortunadamente, el equipo AFE estaba satisfecho con el desempeño general, por lo que las cosas marchaban justo como queríamos.

Sin embargo, nos enfrentábamos a nuestro propio «talón de Aquiles», que es el mismo de muchos emprendedores: la falta de liquidez para hacer frente a los desafíos. Uno de los errores principales al iniciar un negocio es no tener un plan claro para ejecutar el limitado presupuesto de manera efectiva. Los *baby entrepreneurs* suelen caer en la trampa de gastar gran parte de su capital en adquirir absolutamente todo antes de siquiera empezar las operaciones. La realidad es que, cuando se comercializa un servicio, no es necesario agotar los recursos antes de arrancar. Debemos ser lo suficientemente inteligentes para discernir entre lo que es imprescindible, lo importante y lo opcional, y en ese estricto orden realizar la inversión.

Entre lo imprescindible se encuentran las inversiones orientadas a la «identidad corporativa». Hablamos del registro de nombre y marcas, el correo electrónico corporativo, una página web —aunque sea básica—, logos, paleta de colores y tarjetas de presentación. Jamás se debe asistir a una reunión comercial, y mucho menos generar una propuesta, sin haber cubierto estos puntos que definen la imagen de nuestra empresa o nuestra marca personal. Ningún prospecto te tomará en serio si recibe una comunicación desde un correo genérico o si tu marca no existe en los registros oficiales.

Quiero hacer una pausa aquí porque mencioné la «marca personal». Al emprender, se puede hacer bajo una figura jurídica o simplemente vendiendo tu propia marca. En mi caso, yo también exploto la mía. Un diseñador, un arquitecto o un asesor no requieren obligatoriamente una empresa para operar, pero sí necesitan una marca personal consolidada y coherente. Darle valor a esto es un tema profundo que merece su propia publicación.

Volviendo al presupuesto de AFE, debíamos buscar alternativas que nos permitieran operar sin comprar costosos equipos de procesamiento ni buscar un *data center* propio para alojarlos, garantizando además calidad de Internet y operación ante desastres. Siendo una empresa de tecnología cuyo producto principal son los mensajes SMS, ¿cómo podíamos operar sin adquirir *hardware* y *software* especializado? Fácil: lo alquilamos y adoptamos la frase *As a Service*. En este mundo, eso significa que no requieres comprar nada; simplemente adquieres lo necesario como un servicio y pagas por su uso.

¿Se acuerdan de mi empleador de aquel entonces? Pues a Teracom le alquilamos todo el equipo y *software* para empezar a funcionar. El acuerdo fue pagar tanto como usáramos, un modelo que gigantes como Amazon, Google y Microsoft utilizan con éxito. AFE resolvió así su problema de infraestructura sin un costo inicial asociado: si usábamos mucho el sistema, generaríamos ingresos para pagar; si no lo usábamos, no pagaríamos nada.

---

*Pagar por uso es el presente de los negocios.*

---

Las empresas de tecnología tienen la suerte de poder operar desde cualquier parte sin necesidad de una oficina física. AFE inició así, pero pronto notamos que a los clientes les gusta el contacto físico y saber dónde está su proveedor. Tuvimos la suerte de contar con Miguel y Jocelyn, amigos con una agencia de publicidad que nos abrieron sus puertas; esa fue nuestra primera dirección fiscal. Allí tuvimos reuniones durante el primer año y nos permitieron estar sin pagar hasta que llegara el primer cliente, el cual apareció bastante rápido.

Un espacio compartido es una buena opción, pero ¿cuánto tiempo debe extenderse esa situación? Nosotros estuvimos casi dos años. En lo personal, creo que fue demasiado tiempo; aunque al principio no pagábamos, luego terminamos pagando de más. Al sacar cuentas, notamos que el monto representaba lo mismo que una oficina propia con asistente y servicios incluidos. Además, tuvimos que invertir en material de oficina, impresoras y hasta una caja chica para café y agua.

La oficina compartida solo funciona si existe privacidad y respeto. Lamentablemente, aquel espacio era de concepto abierto; nuestro escritorio era la mesa de reuniones y todas nuestras conversaciones eran públicas. Para tener privacidad, debíamos salir al pasillo. Al final, compartir el espacio con personas ajenas a la agencia y a AFE fue el punto de inflexión para decir: «Nos vamos».

El control cambiario en Venezuela nos estrangulaba, pero también nos «ayudaba» en algo: adquirir cosas en Dominicana era mucho más costoso que traerlas de nuestro país. Por eso, toda la imagen de AFE se contrató en Caracas. El diseño del logo y las tarjetas sustituyeron a nuestra ropa en las maletas. Incluso cuestionamos si valía la pena tener celulares pospago; la diferencia eran apenas veinte dólares, pero como no nos sobraban, nos mantuvimos como prepago por casi dos años. Me sentí como en la serie Tacaños extremos, pero el ahorro anual era de casi mil dólares.

Esto nos trajo un dilema: ¿a qué número nos llamarían los clientes? Nuestras tarjetas tenían números de Venezuela y Dominicana, pero sabíamos que no llamarían al primero. Si recibíamos llamadas en itinerancia en el número dominicano, gastaríamos lo ahorrado. Intentamos contratar telefonía IP con una empresa local para tener un número dominicano en una aplicación. Fue un desastre: se oía mal y no funcionaba. Al cancelarlo, nos quisieron cobrar dieciocho meses de penalidad, pero tras pelearlo, accedieron a no cobrarnos.

Otro impacto al presupuesto eran los viajes recurrentes entre Venezuela y Dominicana para que los clientes se sintieran atendidos localmente. Esto implicaba boletos, viáticos y hotel. Para minimizar el impacto, decidimos que de los tres socios solo viajarían dos a la vez, rotándonos cada mes. Todos los gastos fueron pagados por nosotros mismos, pues AFE no tenía liquidez. Viajar solo dos reducía un tercio de los gastos, así que no hubo discusión.

Se acercaba el segundo viaje y me tocaba con Ángela, una perfecta desconocida para mí. Ella propuso un hotel más económico que el Meliá y, aunque yo no estaba muy de acuerdo, decidí aceptar. En aquel entonces, el Wi-Fi no era gratuito en todos lados; yo me quedé en una cabaña que lo incluía, mientras ella pagó adicional por su conexión en la torre. No nos conocíamos lo suficiente para compartir habitación, aunque yo lo habría hecho sin problemas. Ese viaje me daba cierta «manía», pero se lo atribuí a que estaría solo con Ángela y quizás no tendríamos tema de conversación más allá de lo laboral. Intuía una semana complicada, pero ¿quién dijo miedo? Somos los mejores y no tenemos miedo.

Era el 22 de mayo de 2012 y volábamos a Santo Domingo con una agenda no muy densa. Nos preocupaba tener el miércoles vacío, pero no pospusimos el viaje porque una empresa importante quería vernos con premura. Si quieres ser una empresa dominicana, debes estar allí cuando te llamen. La primera oportunidad es la única, y si no la aprovechas, la pierdes para siempre.

Años más tarde, intentamos alquilar un apartamento para ahorrar, pero fue el peor error. No solo representaba gastos de mantenimiento y limpieza, sino que un contrato te ata por un año, con o sin ingresos. Solo lo usamos una vez; la segunda, Ángela olvidó las llaves en Caracas y, cuando entramos, salimos corriendo. Todo estaba lleno de moho: baño, puertas, paredes. Cancelamos el contrato de inmediato; el apartamento estaba «enfermo». Nuestro ángel de la guarda fue Emil, del Meliá, quien nos ayudó con el hospedaje y a salvar nuestra ropa del moho.

Desde entonces dejamos de inventar y negociamos tarifas corporativas con ellos; por años fue nuestra casa y oficina. De hecho, la empatía y el cariño del personal influyeron en nuestra decisión de mudarnos definitivamente a Dominicana tiempo después. Aprendimos que en la calidad de donde duermes no se debe escatimar el presupuesto. Un buen descanso y un lugar cómodo para pensar son primordiales para que surjan las buenas ideas.

Finalmente, quiero compartir algo sobre lo que reflexioné mucho: los actos hacia otros no siempre deben publicarse, pero lo hago como invitación a otras empresas. AFE dejó de repartir obsequios de Navidad para no influir en los clientes más que por el servicio y porque ese dinero se invierte mejor de otra forma. Muchos regalos son inútiles o seleccionados por compromiso. Ese presupuesto ahora se destina a responsabilidad social empresarial. Colaboramos acondicionando espacios de salud, con instituciones para niños con falcemia, reinserción escolar, cuidado animal y fondos para desastres naturales. Estamos seguros de que ese presupuesto está mucho mejor invertido así que en detalles superfluos para los clientes.

# CAPÍTULO V
## Controlar las emociones

Volviendo a aquel segundo viaje... Llegamos al hotel que seleccionó Ángela un lunes por la tarde y, nada más entrar, me invadió la depresión. No es que fuera un lugar feo, pues era muy similar al Meliá, pero la energía que emanaba era fatal; yo soy una persona que se deja llevar mucho por esas vibras que disparan mis alertas. Entré a mi cabaña y, aunque estaba limpia y cómoda, parecía un motel de citas que se había quedado atrapado en los años ochenta, contando incluso con su propia entrada independiente.

Había un olor penetrante a hospital, motivado por un generador de ozono que funcionaba para desinfectar la habitación. Recuerdo pensar: «Creo que extenderé una toalla en la cama y dormiré sobre ella, sin moverme mucho». El asco que sentía no era normal, pero son el tipo de cosas que uno debe hacer en los inicios para poder ahorrar presupuesto. Lo único que realmente nos gustaba de ese hotel era el «Champions», un bar-restaurante de barra americana donde se comían frituras y se pasaba un rato agradable. Curiosamente, ese fue el lugar donde Ángela y yo habíamos coincidido diez años atrás, sin conocer nuestra mutua existencia. Yo solía ir mucho porque el Meliá estaba al lado y era donde me hospedaba cuando daba soporte técnico a las telefónicas en mi trabajo anterior.

Para ambos, no hubo nada mejor que unas alitas picantes con cerveza para intentar matar la depresión que nos embargaba en ese viaje; esa fue nuestra cena. Aquel momento nos sirvió también para romper el hielo e intentar entablar temas de conversación que fueran más allá del ámbito estrictamente laboral. A la mañana siguiente, casi sin haber dormido, bajamos a desayunar y a planificar un poco la jornada. A las diez era la reunión que había originado este viaje, así que debíamos apurarnos; el tráfico en Santo Domingo no es normal y estábamos hospedados frente al malecón, a unos treinta minutos del centro si teníamos suerte.

Casualmente, mientras desayunábamos, llegó un correo del Banco Dominicano del Progreso: los directores querían conocernos y ver la posibilidad de reunirnos. Aquello me alegró el día de inmediato. Yo era feliz con el simple hecho de ir a Progreso; el ambiente allí y su gente son geniales, super educados y muy agradables. Para desayunar, ordené unos panqueques y café con leche, pues no me provocaba otra cosa. Estaba acostumbrado al bufete del otro hotel, con al menos cuarenta platos para seleccionar, y donde estábamos ahora apenas había tres opciones, una más fea que la otra.

Ángela tomaba su habitual café con leche desnatada, pero al rato me fijé en que la leche se veía extraña. Efectivamente, le habían servido leche dañada y ella ya había tomado bastante. Desde ese preciso momento comenzó con una alergia de la que, creo, hasta la fecha no se ha librado del todo debido a esa sensibilidad. Nuestra primera decisión corporativa de ese viaje fue tajante: no hospedarnos allí nunca más. Si no hubiéramos pagado ya la estadía, nos habríamos mudado en ese mismo instante. Todo estaba sumando a la depresión que ambos, silenciosamente, llevábamos por dentro.

Después de varios antialérgicos, salimos hacia la reunión. Al llegar, el lugar se veía bastante agradable y se notaba que no era cualquier empresa la que nos había citado. Sin embargo, después de hacernos esperar más de la cuenta, nos invitaron a pasar a una sala de juntas para iniciar la presentación. No terminamos de entender para qué nos llamaron con tanta premura. La reunión fue sumamente desagradable; parecía que alguien nos había citado solo para averiguar quiénes éramos, qué hacíamos y cómo podían copiar nuestro negocio. No solo eso, sino que se dedicaron a señalar y cuestionar nuestros planteamientos de servicio.

De la mejor manera posible, y muy rápidamente, culminamos la reunión y nos retiramos. Decidimos no enviar ninguna propuesta económica y tampoco volvimos a contactarlos. AFE quiere ser un aliado para sus clientes, no solo un proveedor que factura; por eso es tan importante la empatía en toda relación comercial. El ánimo lo teníamos, aún más, por el piso: «¿Habíamos hecho un viaje solo por esa gente?», nos preguntábamos. «¿Vamos a ir a Progreso con esta energía?». Decidimos aplicar nuestro mantra: Somos los mejores y no tenemos miedo, cabeza en alto y a seguir.

Llegamos como media hora antes a la reunión en Progreso. Mientras esperábamos para subir al salón, le daba los últimos toques a la presentación y trazaba una estrategia para no confundir el nombre del banco, algo que me sucedía normalmente en la oficina. Solía decir el nombre de otro banco en vez de Progreso porque ambos tenían logos azules y empezaban por la misma letra. Se me ocurrió entonces pegar una tarjeta de presentación del Banco Dominicano del Progreso en la pantalla de mi laptop; así, cada vez que me refiriera a ellos, podía ver la tarjeta y no equivocarme.

Ese tiempo de espera nos sirvió para cambiar la energía negativa que traíamos del lugar anterior. Volvimos a ser los optimistas de siempre, recargados de buenas vibras; realmente ese lugar tiene algo mágico. Nos entregaron los carnés y subimos a una sala de espera a la que no habíamos ido anteriormente. El pasillo se veía algo caótico, lleno de cajas y un poco lúgubre. Al entrar al salón, nos encontramos ante casi todos los directores: estaban presentes las áreas de tecnología, arquitectura, mercadeo, seguridad de la información y proyectos.

Éramos dos personas de AFE contra ocho del banco. Durante la presentación técnica, mientras respondíamos las preguntas, pensaba que si esto se estaba dando realmente era porque estaban interesados en nosotros; los directivos no perderían su tiempo si el producto no les atrajera. Todo iba bien hasta que Mercadeo nos indicó que otro proveedor se les había acercado ofreciendo funcionalidades que nosotros no dábamos. Como siempre, fuimos transparentes y les indicamos que esas funcionalidades a las que hacían referencia no estaban disponibles para República Dominicana y que no podíamos ofrecerlas con una fecha de compromiso.

Luego de tres horas, salimos de la reunión con un sabor agridulce. Estábamos seguros de que nos había ido bien, pero no sabíamos si nos habían creído respecto a las funcionalidades o a la eficiencia de nuestro servicio. AFE era una empresa nueva, sin clientes locales, dando su punto de vista frente a un proveedor de reconocida trayectoria. Camino al hotel, el ánimo disminuía de nuevo, considerando que no teníamos nada más que hacer en el resto de la semana. ¿Se acuerdan de la mejor llave para abrir puertas? Sí, los conocidos. Recordé a personas que trabajaron en la telefónica cuando yo era gerente y los llamé. Uno de ellos trabajaba como director de Seguridad de la Información en un banco y logré una cita; mientras tanto, Ángela consiguió lo mismo con una telefónica. Gracias a eso, ya teníamos algo de actividad.

Una de esas noches, mientras cenábamos, cada uno por su lado pensaba si esto realmente funcionaría. Años después nos confesamos lo que sentimos ese día: creo que ambos contuvimos las lágrimas en esa cena. Éramos dos perfectos desconocidos; ¿cómo expresar lo que sentíamos si no había confianza y una inversión de por medio lo hacía todo más complejo? Teníamos una frustración profunda porque nos sentíamos solos remando la balsa, cada uno con sus miedos y dudas. Los gastos que vendrían no serían fáciles: las telefónicas cobran miles de dólares por su conexión y nosotros no los teníamos.

Llegó un punto en el que le dije que era el momento de decidir si seguíamos o abandonábamos, porque si Progreso decía que sí, ya no habría vuelta atrás. No obtuve respuesta inmediata; ambos nos quedamos pensando. Si es difícil emprender en tu país, imagina lo que es hacerlo fuera, sin vivir allí y yendo solo una vez al mes. ¿Podríamos realmente materializar el sueño? Creo que el silencio que siguió a mi pregunta duró unos cinco eternos segundos, hasta que fue roto al unísono por: ¡Somos los mejores y no tenemos miedo! No sé si nos creímos nuestro mantra esa noche; supongo que lo hicimos por no llorar y darnos algo de fortaleza.

Me retiré a la cabaña pensando que mañana sería otro día. Dominicana me reconfortaba y no debíamos renunciar a nuestro sueño sin defenderlo con todas nuestras fuerzas. Al día siguiente fuimos a la oficina de Miguel y Jocelyn para organizar la agenda y analizar las próximas acciones. Estando allí, me llamó mi jefe de Venezuela, Michael. Estaba muy molesto; su argumento era que Código4 le había vendido la Banca SMS al Banco de Venezuela por encima de ellos. No entendía su postura, pues ellos estaban al tanto. De hecho, les habíamos proyectado cómo aumentaría su tráfico con esa herramienta.

Creo que la llamada fue forzada por Roberto, alguien en quien nunca confié y que era socio de esa empresa. Para entonces, ya sabía que Michael no tenía mucha voz ni voto allí. Me acusaron de robarles el cliente, de ser poco agradecido y de falta de ética. Debo reconocer que, inicialmente, me sentí aturdido y dolido; había dado mi mejor esfuerzo a esa empresa como si fuera mía. Multipliqué su capacidad por decenas, cambié la forma de presentar productos y mejoré el soporte técnico... pero para él, yo era un traidor.

Esa llamada me preocupó mucho. Seguramente tendría que renunciar al llegar a Caracas. Llegué a autoinculparme y dudar de lo ético de la situación.

Pero tras mucho pensar en la reunión que tendría con la directiva, caí en la cuenta de que no había sucedido nada malo. Ellos sabían del proyecto y de Código4 porque les ofrecimos el servicio y, descaradamente, lo copiaron en nuestras narices. No hubo traición de mi parte; la jugada sucia venía del otro lado y tenía nombre propio. Tan deshonesta fue la jugada que, años después, antiguos clientes me comentaron las pestes que Roberto decía de mí, aunque para mi tranquilidad, ellos mismos argumentaban que quien había quedado mal no fui precisamente yo. Ellos me conocían bien.

La vida estaba poniendo a prueba nuestra fortaleza; hay cosas que solo la experiencia y la madurez te dan. En este viaje descubrí que todas las situaciones pasadas me habían fortalecido para manejar mejor mis miedos. Finalizamos la semana en Dominicana con una carga de estrés inimaginable, pero fríamente fue una buena jornada. Tuvimos varias reuniones y de todas aprendimos algo; además, necesitábamos que AFE empezara a sonar en el país. Muchas empresas nos cerraron las puertas porque ya tenían servicios similares, pero cuantos más «noes» acumulemos, más cerca está el «sí». Las estadísticas dicen que solo se concreta una de cada veinte oportunidades. Después de tantas emociones, estaba seguro de que nuestros competidores tendrían que subir el nivel. Nos veían como un pequeño gato luchando contra una jauría, pero no sabían que éramos un cachorro de león que crecería rápido.

# CAPÍTULO VI

## Conocer y respetar el marco legal

Comprender y apegarse estrictamente a la normativa legal es crucial para garantizar una operación sin inconvenientes. Esto es todavía más vital para una empresa como AFE, que opera en un país con leyes, tratados y acuerdos específicos muy distintos a los de nuestro país de origen. Si no se tienen claros los marcos normativos, cómo aplican y qué períodos deben considerarse, se puede incurrir en faltas legales con altísimos costos financieros y penales. Como bien dicen: «Árbol que nace torcido, nunca su rama endereza»… así que es mejor nacer bien, porque después resulta muy complicado sanearse fiscalmente.

El tema impositivo fue un verdadero dolor de cabeza para nosotros; la normativa fiscal dominicana es bastante compleja y lo era aún más cuando en nuestros libros reportábamos gastos en varias monedas. Teníamos el bolívar, que arrastraba restricciones cambiarias que situaban su cambio en un valor irreal. Para evitar sanciones, contamos desde el día de nuestro nacimiento con un contador local que, con los meses, se transformó en un amigo. Pese a no tener operación inicialmente, entendimos que es fundamental que una persona especializada realice todos los registros contables.

Una de las primeras situaciones que nos causó problemas fue la compra de boletos aéreos en bolívares. Los comprábamos así porque era la moneda en la que teníamos nuestros ahorros y porque todavía vivíamos en Venezuela. El problema radicaba en que un boleto de pocos bolívares, debido a la ilusión generada por el control de cambio, representaba hasta dos mil dólares al plasmarse en nuestro libro contable. Esta dualidad de monedas fue un grave error que impactó directamente nuestros estados financieros. Aunque en bolívares el gasto no parecía excesivo, al registrarlo en moneda local resultaba enorme por ese valor irreal. Nos tomó los dos primeros años corregir esto, hasta que decidimos utilizar una sola moneda para las operaciones locales y sanear nuestras finanzas.

Incluso el tipo de facturación puede generar fiscalizaciones regulares; nosotros teníamos clientes exentos de impuestos. Eso representa una alerta para cualquier ente regulador, pues deben garantizar que no se esté cometiendo evasión fiscal, y nosotros debíamos ajustarnos estrictamente a esas normas de excepción impositiva. Desde el inicio tuvimos claro que la cultura tributaria debía formar parte de nuestra estructura organizacional. No queríamos actuar de manera reactiva ante un problema de solvencia fiscal. Con frecuencia, los emprendimientos pequeños carecen de un registro contable coherente, ya sea por falta de formalidad o por desconocimiento. Sin embargo, tener políticas contables coherentes permite tomar decisiones gerenciales mucho más efectivas.

Recuerdo que Luis, nuestro contador y amigo, solía llamarnos algunos viernes por la tarde para decirnos que debíamos reunirnos para revisar algunos temas. Ángela y yo ya sabíamos a qué nos enfrentaríamos. Nuestro mayor reto no era solo justificar ingresos y pagos de impuestos, sino demostrar que nuestra facturación exonerada se estaba realizando correctamente. Al ser una empresa de servicios, debíamos confirmar qué parte de ellos no constituía la base imponible de los cálculos.

La norma más extraña que enfrentamos fue el gravamen de compras en el exterior. Cualquier servicio que la empresa adquiera, como un data center, compras en Amazon o pagos de televisión en streaming, deben ser declarados y gravados con casi un treinta por ciento. Si una empresa dominicana paga servicios a un tercero en el exterior, esa factura también debe pagar el mismo impuesto. No sé si es una forma extrema de proteger el mercado local, pero su impacto es gigante en la estructura de costos, siendo a veces más elevado que la ganancia misma.

Pese a toda la complejidad, son más los beneficios de mantener una empresa saludable en términos fiscales y legales. Los clientes serios no harán negocios con una empresa que no sea sana. Estar legalizado y al día puede verse como una carga, pero una empresa obtiene grandes beneficios al estar dentro del marco legal. La economía formal prefiere comprar a empresas depuradas que provean garantía y calidad. No existe mejor precaución que una factura emitida con todos los requisitos legales. Una compañía pequeña podrá evadir la legalidad inicialmente, pero al crecer llamará la atención de los entes reguladores, lo que podría acarrear sanciones económicas, prohibición de operaciones y hasta resoluciones penales. Si todo está en regla, se pueden solicitar apelaciones presentando las pruebas de nuestro correcto actuar. En AFE somos conscientes de que las ganancias son importantes, pero también buscamos ayudar a terceros; al pagar impuestos, contribuimos al mejoramiento del país y al futuro de nuestra propia compañía.

Cuando hablo del marco legal, incluyo también el estatus migratorio. Durante los primeros años no percibimos salarios y nuestra permanencia no excedía el tiempo permitido. Como socios podíamos operar sin problemas mientras no recibiéramos sueldo, pero esa situación no podía mantenerse para siempre. Empezamos a tramitar una visa de trabajo como inversionistas; cumplíamos los requisitos y nos fue otorgada sin inconvenientes. Ya podía cobrar un salario legalmente, pero al no tener cédula dominicana, me hacían una retención de casi el treinta por ciento, sin poder aprovechar beneficios sociales o fondos de pensiones.

Operamos un año con ese visado, pero al decidir mudarnos definitivamente a Santo Domingo, debimos cambiar el estatus a residentes. Jamás me costó tanto un trámite; la exigencia de recaudos fue elevadísima. El proceso consta de dos fases: la visa de residencia, que fue sencilla, y la generación de la cédula y el carné de residencia. Este último proceso demoró meses y tuve que introducir el expediente once veces en la Dirección de Migración. Menos mal que el proceso se automatizó con el tiempo; en aquel entonces, cada consultor en la ventanilla te exigía requisitos distintos y podía rechazar el trámite según su estado de ánimo.

Todo esto venía acompañado de un negocio paralelo de abogados en las salas de espera. Recuerdo que una vez la chica de la ventanilla me pidió un documento adicional y, en cinco segundos, un abogado se acercó para ofrecerme el documento al instante; por supuesto, no acepté. Tras once visitas, logré introducir el expediente. Pero la felicidad duró poco: tres meses después me negaron la residencia porque mis antecedentes penales se vencieron durante el proceso de evaluación. Si introduje un documento vigente y no salí del país, no tiene sentido generar uno nuevo, pero así funcionaba.

En Venezuela, sacar un antecedente penal y apostillarlo podía demorar meses, lo que significaba que el documento estaría nuevamente vencido para cuando llegara a Migración. Además, no podía salir de Dominicana porque el visado era de una sola entrada. Pedí a mi hermano que gestionara el documento en Caracas con un poder. Una noche, entré al sistema de citas y, por suerte, alguien había cancelado y liberé un cupo para una semana después; una de esas raras alegrías que el comunismo da a sus ciudadanos. Las citas solían tardar entre seis y ocho meses.

Finalmente, con los documentos vigentes, reintroduje el expediente y me otorgaron la residencia. De tanto ir, me convertí en amigo de todos y ahora soy más conocido en Migración que los abogados que merodean las salas. Tras estas experiencias, no entiendo cómo alguien puede mantener un estatus irregular por años. Las penurias y el miedo constante deben ser un infierno. ¿Cómo será la situación en su país para tolerar eso? En fin, jamás intenten un emprendimiento sin la correcta asesoría legal y contable; aun teniéndolas, surgirán problemas que requerirán toda su atención.

# CAPÍTULO VII
## Abrazar las primeras buenas y malas noticias

De regreso en Caracas, no perdí tiempo para encarar el extraño malestar de Michael. Soy una persona que prefiere no dar largas a los asuntos y me gusta resolver cualquier tema pendiente con rapidez. Para mi sorpresa, tuve que insistir en varias ocasiones para lograr conversar sobre Código4 y la Banca SMS que habíamos vendido. La directiva parecía esquivar el encuentro, quizás porque —y lo digo sin rastro de arrogancia— sabían perfectamente que no contaban con un candidato capaz de cubrir mi partida.

Finalmente, la reunión se dio solo con Michael y no duró más de dos minutos. Fue un encuentro difícil de definir, algo puramente de trámite para salir del paso. Se enfocó más en preguntarme cómo iba AFE en Dominicana y en recalcar la importancia de completar las conexiones con las telefónicas allá para que ellos pudieran empezar a enviar su propio tráfico de SMS.

Paralelamente, las reuniones con Roberto se volvieron más frecuentes, lo que terminó de despejar mis dudas sobre aquella llamada tensa que recibí mientras estaba en Dominicana. Roberto empezó a fungir como un mentor no solicitado, dándome consejos de emprendimiento que, curiosamente, siempre se orientaban a que dejara mi empleo actual. Según su visión, AFE no despegaría mientras yo mantuviera mi cargo de director en su empresa y mi rol como accionista allá. Realmente su opinión me importaba muy poco, así que opté por escucharlo de forma mecánica en reiteradas ocasiones; mi foco estaba demasiado claro como para distraerme.

*No Confiar también es una decisión.*

Mientras tanto, en AFE hacíamos esfuerzos por ampliar nuestra cartera de productos. Contactamos a diversos proveedores internacionales de servicios para smart TV, sistemas especializados para operadoras, distribución de contenidos y aplicaciones móviles. En este punto, Elizabeth era nuestro puente vital, pues era la única bilingüe del grupo y nos apoyaba con las empresas que no hablaban español; el nivel de inglés de Ángela y el mío no era suficiente para cerrar acuerdos comerciales de esa envergadura. Fueron semanas de una actividad frenética, coordinando agendas para el próximo viaje a Santo Domingo.

Originalmente, el turno de viajar era para Eli y Ángela, mientras yo me quedaría en Caracas atendiendo mis labores habituales. Sin embargo, de repente, Elizabeth nos informó que tenía un viaje de vacaciones a España planificado con anterioridad, lo que la descartaba para la misión. Debo confesar que sentí una punzada de molestia, no solo porque los compromisos iniciales empezaban a flaquear, sino porque me veía obligado a solicitar otra semana de mis vacaciones personales e invertir de nuevo en el viaje. Aun así, acepté el reto y organicé todo para volar una vez más. Logramos armar una agenda tan apretada que sabíamos que sería una semana agotadora; de hecho, recuerdo que en ese tercer viaje tuvimos siete reuniones en un solo día, terminando la última a las seis de la tarde. Fue una cita en una telefónica para presentar un club de contenido para descargas; irónicamente, esa persona con la que nos reunimos renunció poco después y hoy es nuestra competencia.

Ya de vuelta en Caracas, el 27 de junio de 2012, recibí una notificación por correo electrónico de una de las personas más educadas que he conocido, José Guillermo, del Banco Dominicano del Progreso. Justo cuando se cumplían tres meses y dos días del nacimiento oficial de AFE, y tras una investigación exhaustiva de nuestras referencias profesionales, recibimos las palabras que tanto esperábamos: ¡teníamos nuestro primer cliente! No podíamos creerlo; fue una sorpresa que incluso dejó atónitos a los socios de Teracom. Las vibras que sentí en aquellas oficinas corporativas no me habían engañado. Aquella emoción borró de un plumazo cualquier resentimiento previo; era el momento de trabajar más duro que nunca.

AFE ya tenía contratos con tres de las cuatro telefónicas del país. Solo nos faltaba una, que apenas representaba el dos por ciento del mercado, pero para dar un servicio de excelencia necesitábamos tenerlas todas. Ese mismo día decidimos que debíamos viajar cuanto antes para cerrar esa conexión y firmar el contrato con Progreso. Estábamos eufóricos, y aunque no hubo una celebración formal con brindis, nos volcamos de inmediato a completar la integración técnica. Como Eli seguía en España con su familia, el viaje lo realizamos nuevamente Ángela y yo.

Una noche en Santo Domingo, con la confianza que ya nos unía, nos sentamos a conversar honestamente sobre el futuro y el aporte de cada socio. Existía un disgusto mutuo porque sentíamos que no todos estábamos arriesgando en partes iguales, considerando que Eli solo había viajado una vez. Acordamos tener una reunión tripartita en Caracas apenas ella regresara, pues era necesario dejar claro que los aportes debían ser igualitarios en todos los sentidos. Esa noche, el miedo nos visitó: ¿seríamos capaces de enfrentar lo que venía? Una vez firmado el contrato con el banco, ya no habría marcha atrás. Teníamos dudas colectivas y, para colmo, me preocupaba que la plataforma para el servicio fuera de mi empleador, lo que significaba que las telefónicas se conectarían con ellos y no directamente con nosotros.

Al regresar a Caracas, el golpe fue seco: Ángela y yo recibimos un correo electrónico de Elizabeth donde renunciaba a la sociedad de AFE, sin dar mayores explicaciones. Hasta el sol de hoy desconozco el motivo real de su decisión, pues nunca obtuve respuesta a mis consultas. Sospecho que quizás recibió una presión similar a la mía en Teracom y no pudo hacerle frente, o que, con dos hijos a su cargo, decidió que no podía arriesgar la estabilidad familiar por un proyecto que aún no era seguro. Para AFE fue un impacto brutal; nos quedamos sin nuestro pilar comercial teniendo ya un cliente comprometido. Eli era una vendedora experimentada y nosotros nunca habíamos hecho gestión de ventas en nuestra vida.

Desde ese día, aunque seguía viendo a Eli a diario en el trabajo, AFE no volvió a tener una reunión con los tres socios. El proceso para manejar sus acciones fue complejo: como los números de AFE estaban en rojo, ella decidió cederlas, pero existían deudas en los libros que debían ser asumidas por los socios restantes. Ángela y yo decidimos aceptar el traspaso y cargar con las deudas; no podíamos permitir que el proyecto naufragara cuando ya habíamos empeñado nuestra palabra con un cliente que confió en nosotros siendo una empresa en pañales. Nuestro amigo Miguel nos ayudó con el papeleo en Caracas para luego legalizarlo en Santo Domingo. Ni siquiera para la firma nos juntamos; cada uno lo hizo por su cuenta en una situación sumamente extraña y amarga.

Al momento de firmar, noté un error en la cesión: Elizabeth me estaba cediendo una acción menos que a Ángela. Miguel me confirmó que no era un error, sino que así habían sido las instrucciones. Me sentí profundamente herido y me pregunté si acaso mi trabajo valía menos para que Ángela tuviera la mayoría accionaria. A pesar de la molestia, firmé por el bien de AFE y por el compromiso con el Banco Progreso. Ángela me pidió que no me preocupara, asegurándome que ella no había influido en esa decisión y que nosotros seríamos «cincuenta y cincuenta». Cumplió su palabra años después, cuando ajustamos el registro mercantil y me cedió esa acción de diferencia.

Esa distribución inicial fracturó mi relación con Elizabeth. Aunque entendía su larga amistad con Ángela, me pareció éticamente incorrecto que no se me avisara previamente. Seguí mi cotidianidad tratando de digerir que me había quedado sin socia comercial y que era, además, socio minoritario. Puse en una balanza mi amistad con Eli; soy alguien que, cuando decide ser amigo, lo es contra viento y marea. Tenía un dolor interno difícil de describir porque realmente la estimaba. Hoy, tras muchos años, he decidido dejar eso en el olvido. Vivir en el pasado no es opción cuando el futuro requiere que te dediques a pulirlo.

Aunque la notificación del cliente llegó en junio, no fue sino hasta diciembre cuando obtuvimos la «luz verde» definitiva tras todo el papeleo legal. La integración técnica fue veloz, apenas tres días. Cobramos nuestro primer cheque el primero de marzo de 2013. Llevábamos un año entero sin ingresos y con el rojo creciendo cada día, pero sabíamos que el viento soplaba a favor; el volumen de SMS de ese banco era impresionante.

Sobre ese primer cheque hay una anécdota que define quiénes somos: el dinero no entró a la cuenta de AFE. Un amigo cercano pasaba por una crisis económica y nos pidió ayuda; le permitimos cobrar ese cheque bajo la promesa de devolverlo en unas semanas, que terminaron siendo meses. Creo que esa fue la buena acción que el universo premió llenándonos de éxitos desde entonces. El ingreso no era masivo, pero nos dio el flujo recurrente de dólares para operar con cierta holgura local. Empezamos a costear los gastos de oficina en reciprocidad con nuestros amigos hasta que, al año, decidimos buscar nuestro propio espacio, más grande, libre y privado.

Nuestras buenas acciones y dedicación rindieron frutos rápidamente: la principal aseguradora de salud del país solicitó vernos. Me reuní con gente de alto nivel que venía de la telefónica donde trabajé años antes; aunque no coincidimos allí, compartíamos la misma filosofía de calidad. Eso selló la confianza para nuestro segundo gran cliente. Fue un período de contrastes, de luces y sombras: sumábamos clientes, pero estábamos solos, con las deudas telefónicas subiendo y el flujo de caja en contra debido a los ciclos de pago. Finalmente, tomé la decisión definitiva: renuncié a mi empleo en Caracas. No podía seguir bajo una presión constante y recibiendo malas caras mientras veía cómo un porcentaje vital del tráfico internacional de SMS ya pertenecía a mi propia creación, AFE.

# CAPÍTULO VIII
## Perdiendo a veces se gana

A estas alturas, AFE ya contaba con algunos clientes que nos generaban cierta estabilidad. Yo había renunciado a mi cargo de director en Caracas e iba a empezar a dedicarme al cien por ciento a mi empresa; me encontraba cumpliendo el preaviso de treinta días cuando, de repente, nos llamó nuestro amigo. Eran como las diez de la mañana y nos avisaba que el principal banco del Estado quería reunirse con nosotros al día siguiente a las ocho de la mañana.

Ya para ese momento, en Venezuela no era tan fácil conseguir vuelos y los que eran directos ya habían salido. Debíamos correr para intentar volar esa misma tarde y estar temprano en Santo Domingo al día siguiente. Había una opción a través de Puerto Rico, pero yo no tenía la autorización previa de entrada americana (ESTA) vigente para poder hacer escala allí. Corrí para intentar que fuera aprobada mientras solicitaba el permiso en mi trabajo actual y salía a hacer maletas, sin saber siquiera la hora del vuelo que conseguiríamos. Finalmente, me llegó la autorización y la escala en San Juan ya no era el problema; metí cuatro trapos en la maleta y salí volando para el aeropuerto, donde conseguimos boleto para las siete de la noche.

Entrar por San Juan fue terrible; el vuelo estaba retrasado y casi perdemos la conexión. Creo que en ningún estado americano por donde he entrado el proceso ha sido tan lento; incluso discutí con el oficial porque parecía que estaba tomando café en vez de agilizar el paso. Sus procesos tienen lo peor de los dos mundos: el gringo y el latino. Finalmente, corrimos y logramos montarnos en un «zancudo volador» de American Eagle para llegar a Santo Domingo pasada la medianoche. Estábamos agotados, no solo por el viaje, sino por el estrés del día para lograr estar en esa reunión a las ocho de la mañana, pues esa oportunidad no se repetiría fácilmente: era una cita con el administrador general de aquel entonces.

Entre retirar el equipaje, el proceso de migración, el traslado y el registro en el Meliá, se nos hicieron las tres de la mañana. Debíamos descansar para ir a la reunión e inmediatamente después tomar un vuelo de regreso a Caracas vía Miami. Bajamos temprano a desayunar para llegar al banco al menos a las 7:30 a. m. Al hacer el registro de salida a las seis de la mañana, nuestros amigos de recepción, que siempre han sido geniales, nos indicaron que para la próxima nos prestaban una habitación; les daba vergüenza cobrarnos tres horas de descanso.

Llegamos temprano al banco, pero mientras esperábamos a nuestro contacto se nos dieron casi las ocho. Nos extrañó verlo acompañado de una mujer con características muy particulares; nos la presentó como una amiga del administrador y que, gracias a ella, nos recibirían. Algo no nos olía bien. Entramos cinco minutos antes de la cita y el administrador, muy prepotente, nos dejó saber que estábamos tarde, cosa que no fue así. Empezó a llegar el personal mientras conversábamos de cosas superfluas; con cinco minutos de retraso llegó una empleada y pensé que el administrador la despediría: la reprendió como si de una esclava se tratara, cuando a la pobre le habían avisado el mismo día y debió desplazarse desde otra instalación. A ese señor realmente le faltaba mucha mano izquierda para tratar con su personal.

Nos hicieron la introducción para presentarnos y apenas llevaba un par de minutos cuando nos detuvo secamente y, mientras se retiraba, dio la orden: «Yo no sé lo que venden, pero son buenos, así que cómprenles algo». Nos quedamos verdaderamente fríos; ¿cuál fue la razón de la reunión y por qué quería comprarnos «algo» sin conocer lo que vendíamos? Nos mantuvimos un rato más con el resto del personal conversando sobre lo que hacíamos, pero en lo profundo lo que queríamos era salir corriendo. Al salir, nuestro amigo se fue con la mujer y nosotros tomamos un taxi al aeropuerto.

«¿Qué había sido eso?», nos preguntábamos. Jamás habíamos vendido algo por referencia, sino por el buen servicio. Nos quedaba un largo viaje con escala para pensar en ello; no queríamos tener un cliente de esa forma y realmente no se logró nada. Lo único que quizás no salió mal es que obtuvimos contactos del personal técnico. Más adelante haríamos un nuevo contacto para ofrecerles algo, pero sin intermediarios que forzaran la compra. En definitiva, hubiéramos ganado más si hubiésemos rechazado la reunión desde que fue formulada; no existe ninguna reunión de ventas lo suficientemente urgente para hacerla inmediata. Pagamos los pasajes más caros de mi vida para nada, por la premura y la escasez de boletos.

No fue la primera vez que dejamos ir propuestas y estoy seguro de que fue lo mejor. Luego el tiempo nos dio la razón al ver lo turbio de las situaciones, cuando los aliados no cumplían los estándares de AFE o cuando nos dimos cuenta de que pagaban comisiones. Algo que jamás hemos hecho es pagar comisiones para que nos contraten; nuestra calidad es más que suficiente. Recuerdo un intento de vender un sistema de gestión de turnos de un aliado justo con el mismo banco. Habíamos logrado reunirnos con altos directivos y nos permitieron hacer una prueba piloto en una sucursal compleja. Todo marchaba bien hasta que recibimos una llamada exigiendo detener el piloto y retirar los equipos.

«¿Qué había pasado?». Nos acusaron de competencia deshonrosa. Resultó que nuestro aliado comercial fue a una sucursal como un cliente interesado y lo que hizo fue indagar con el personal sobre el sistema de turnos. Literalmente, se nos cayó la cara de vergüenza y en ese instante cortamos relaciones con esa persona que, a escondidas, efectuó tan reprochable acción. Gracias a lo honestos que fuimos desde la primera reunión con el administrador, por las referencias que AFE ya tenía en el país y por desligarnos rápido de cualquier acto deshonroso, la directiva nos comprendió y quedamos bien parados; tanto que, a los meses, nos llamaron a la licitación para servicios de mensajes de texto.

Estas experiencias nos sirvieron para filtrar mejor qué oportunidades tomar y con quiénes hacerlo. Ningún negocio que se vea fácil lo es, y mucho menos si para hacerlo debes perder la tranquilidad de tu sueño. Si se decide consumar una relación comercial con un aliado, debe depurarse exhaustivamente su integridad o puedes perder más de lo que pensabas ganar. Nuestro filtro para aliados está en el tamiz más fino; no cualquiera lo pasa. Muchos nos contactaron y, hasta la fecha, ninguno lo logró.

Es curioso: mientras estás arrancando nadie se acerca, pero cuando tienes reconocimiento, todos quieren hacer negocios contigo para aprovechar tus contactos. A estas alturas habíamos intentado aliarnos con empresas de contenido, mercadeo por correo, llamadas, centrales telefónicas y sistemas expertos. La mejor manera de descartar a un aliado es cuando le pides cotizar un servicio y te da tantas vueltas que pasa una semana y no tienes la propuesta. Si es así para vender, ¿se imaginan cuando haya un problema? ¿Quién quedará mal? Algo que nos ha caracterizado desde el día cero es que el nivel de servicio de AFE es inmediato y los directivos estamos en seguimiento constante. Si un aliado no alcanza nuestro nivel, no formará parte del grupo.

En una oportunidad, una reconocida empresaria venezolana se nos acercó en un evento. La señora, bastante desagradable, se puso a hablar ante nuestros clientes locales de lo retrasado del SMS y de lo desfasadas que estaban las empresas en República Dominicana. Más que rabia, me dio pena por ella; se nota que no conoce el país ni su avance en telecomunicaciones. Y a fin de cuentas, ¿qué hacía en un foro de tecnología en el país que critica? Días después nos contactó para hacer negocios; por decencia le pedimos su cartera de productos y costos. Los detalles llegaron dos meses después, así que ya saben cuál fue nuestra respuesta.

No sé si seremos nosotros los exigentes en calidad y velocidad, pero hay que meterle la lupa a los productos donde no se tiene el control, porque al final el que se enturbia es tu nombre. Mi recomendación es que cuando veas algo fácil, turbio o extrañamente urgente… ¡huye! No vale la pena ni intentarlo; en muchas ocasiones hemos demostrado que somos más que eso.

# CAPÍTULO IX
## Descartar a los generadores de problemas

Para este momento, AFE ya sumaba un par de años en operación. Nos habíamos convertido en una empresa que crecía a pasos agigantados, transformándonos en un referente de calidad en el servicio para todo el mercado; sin embargo, como suele ocurrir en los negocios, aguas adentro no todo era color de rosa. Como bien saben, nuestra plataforma tecnológica principal no era propia, sino que se la alquilábamos a mis antiguos empleadores. No tengo idea de qué habían hecho con ella, pero la realidad era que, cada día que pasaba, las fallas se incrementaban y la operación se volvía una tarea sumamente cuesta arriba. El mayor inconveniente era que, al recibir un incidente, no podíamos manejarlo directamente y dependíamos totalmente de ellos para cualquier solución.

Los últimos seis meses de esa relación técnica habían sido simplemente insostenibles debido a la frecuencia de las interrupciones. Los equipos de tecnología se encontraban en un data center con administración propia, lo que significaba que, ante cualquier eventualidad con el hardware o las conexiones, Teracom no tenía capacidad de acción y dependía, a su vez, del personal del centro de datos. Esta cadena de atención sumaba cada vez más eslabones que solo servían para retrasarlo todo.

Recuerdo vívidamente que, para solicitar una VPN —un canal seguro de comunicación esencial entre nuestros clientes y AFE—, debíamos pedir una cita con al menos tres días de antelación, y podía pasar una semana entera antes de que finalmente funcionara. Si necesitábamos alguna traza de auditoría, podíamos esperar un par de días para recibirla o, en el peor de los casos, obtener como respuesta un desalentador «se han perdido los registros». Esa situación de dependencia absoluta y la paupérrima calidad de servicio eran algo que no podíamos permitirnos si realmente queríamos expandir nuestro negocio. Aunque nuestras referencias externas seguían siendo excelentes, sabíamos que todo aquello podría cambiar si no tomábamos cartas en el asunto de inmediato.

Necesitábamos nuestra propia plataforma cuanto antes. Me reuní con Rodolfo, nuestro gerente de IT, para analizar fríamente las opciones que teníamos sobre la mesa. Existían solo dos caminos para romper esa cadena de dependencia: comprar un software externo y pagar licenciamiento, o lanzarnos a realizar un desarrollo propio donde AFE tuviera el control total y la responsabilidad absoluta de lo que sucediera. Sin dudarlo, nos inclinamos por la segunda opción. La plataforma sería nuestra y la construiríamos desde cero. Evaluamos varias opciones de data center físico, pero ninguna terminó de convencernos, por lo que tomamos la decisión estratégica de instalarlo todo en la nube, manteniendo una contingencia en físico.

No habían pasado ni un par de semanas cuando el prototipo ya estaba listo. Faltaban detalles, por supuesto, pero estábamos convencidos de que funcionaría. Solo nos quedaba planificar la batería de pruebas de calidad y hacer los ajustes necesarios antes de ponerlo a trabajar, una tarea que sabíamos que no sería sencilla. Para certificar el sistema y ponerlo en marcha, las conexiones con las telefónicas que operaban en los servidores de Teracom debían migrar a nuestro nuevo ambiente.

Entonces, por cosas del destino, una de las VPN que estaba operativa con una telefónica dejó de funcionar de repente. Siguiendo el protocolo, levantamos la incidencia y nos preparamos para esperar a que un consultor del data center resolviera el fallo. Pasó una hora, pasaron dos, seis, doce horas… y la solución no llegaba. Lo peor fue la respuesta oficial: nos dijeron que debíamos esperar hasta cuarenta y ocho horas solo para poder escalar el problema.

Ese fue el momento justo, el punto de inflexión. Sin dudarlo un segundo, solicité a la telefónica que cambiara la conexión a nuestros propios servidores en la nube y que levantáramos una nueva VPN hacia allá. Todo el proceso, que antes tomaba días, se completó en menos de cuarenta minutos. Era algo impensable si hubiéramos seguido bajo la infraestructura alquilada.

¡Estábamos enviando mensajes por nuestra propia plataforma por primera vez! La sensación fue simplemente increíble; creo que a partir de ese instante rejuvenecí como diez años, porque antes de esto los problemas eran una constante diaria. Habíamos retrasado demasiado la decisión de tener algo propio, tal vez por un miedo infundado o por el temor al impacto que generaría en los clientes. Pero la realidad es que, tras cambiar todas las conexiones a nuestros servidores, los problemas se terminaron. Siempre puede surgir algún inconveniente, pero ahora era algo que podíamos solucionar en menos de cinco minutos. No nos volvimos a quedar sin servicio y, lo que es vital para la salud del negocio, redujimos nuestros gastos en varios miles de dólares al mes. Ahora solo debíamos pagar los servicios de la nube, costos que representaban apenas un diez por ciento de lo que le pagábamos a mi exempleador.

Este salto cuántico en la calidad de nuestros servicios nos brindó la seguridad necesaria para expandirnos, captar nuevos clientes y personalizar la operación según cada necesidad. Por fin nos habíamos emancipado; éramos autosuficientes con servicios de primera línea y nuestro Service Level Agreement (SLA) mejoró de forma exponencial. Al tener el control total de la infraestructura, nuestros ingenieros contaban con acceso inmediato para brindar soluciones o despejar cualquier duda.

Para ese instante, AFE también ofrecía servicios de contenido móvil mediante un aliado internacional. Debo reconocer que este socio sí cumplía con nuestras expectativas de calidad; el problema era que no estábamos obteniendo los ingresos esperados. Representaba más trabajo mantenerlo operativo que el beneficio económico que nos generaba. Ante esa realidad, tomamos la decisión ejecutiva de «apagar» cualquier cosa que no generara ingresos significativos. Fue una época de limpieza, de deshacernos de todo lo que no funcionaba y de aquello que solo nos traía problemas. Algunas de esas cargas las manteníamos por pura necesidad o por compromisos previos con las telefónicas.

El desprendernos de ese lastre nos permitió enfocarnos por completo en nuestro verdadero negocio. Hay un dicho que reza: «El que mucho abarca, poco aprieta», y eso era precisamente lo que nos estaba ocurriendo. Somos especialistas en comunicación móvil inteligente, así que nos preguntamos: «¿Por qué no enfocarnos exclusivamente en eso?».

Fue en ese momento, con esas decisiones valientes, cuando realmente nació la AFE que hoy es referente internacional. Nos convertimos en una empresa ligera, dinámica y altamente especializada. Sin cargas de servicios de terceros, sin los problemas asociados a plataformas defectuosas y con un equipo de profesionales de primera línea. Nos optimizamos técnica y financieramente, eliminando todas las trabas que nos generaban conflictos. Había llegado la hora de crecer aún más, y para ello era necesario establecer una estrategia de comunicación que fortaleciera nuestra imagen. Debíamos convertirnos en la primera opción en la que las personas pensaran al necesitar servicios de comunicación móvil.

# CAPÍTULO X
## Posicionar la marca y hacer crossover

En aquella época, tomamos una decisión trascendental: la directiva de AFE debía instalarse de forma permanente en Santo Domingo. No se trataba solo de una medida de ahorro, sino de la necesidad vital de hacer un seguimiento cercano a nuestra estrategia de negocios. Yo fui el primero en mudarme; alquilamos un apartamento que equipamos apenas con lo básico: una cama y una mesa para comer. No eran tiempos para gastos superfluos, pues nuestro enfoque absoluto estaba en encender los cohetes de AFE.

Había llegado el momento de invertir en el reconocimiento de la marca comercial AFE Connecting. Necesitábamos diseñar una estrategia de marketing que nos posicionara como líderes en el mercado local. Como antiguo profesor universitario, se me ocurrió una idea: traer al país el Mobile Monday, conocido globalmente como MoMo. Así, nos convertimos en los fundadores del capítulo de República Dominicana, el primero en todo el Caribe. El MoMo es una organización mundial sin fines de lucro que une a profesionales de la industria móvil en ciento cuarenta capítulos alrededor del mundo para difundir conocimiento y mejores prácticas.

Nuestra casa, el Meliá Santo Domingo, fue la sede del evento. Contamos con dos ponentes internacionales que hablaron sobre tendencias y un exponente local que abordó la ubicuidad móvil. La convocatoria fue un éxito: asistieron clientes, prospectos, estudiantes universitarios y empleados de las telefónicas. La cobertura mediática fue asombrosa, marcando un hito al ser la primera vez que un evento de tal naturaleza se realizaba en el país. Prensa, radio y televisión se hicieron eco, y pronto recibimos solicitudes para llevar estas charlas a diversas universidades debido a la relevancia del contenido.

En medio de este impulso, la revista Forbes se acercó a AFE para notificarnos que habíamos sido seleccionados como una de las «30 promesas de negocio» de ese año. Ver nuestra historia en una página entera de una de las revistas de finanzas más importantes del mundo superó todas nuestras expectativas. Cerramos un acuerdo para generar publicidad en sus canales, lo que nos dio presencia no solo en Dominicana, sino a escala internacional. Redactamos dos artículos especializados: «Saltar a la movilidad» y «Realidades y perspectivas en el uso del teléfono móvil», ambos aprobados por la editorial.

Nuestra estrategia de posicionamiento estaba rindiendo frutos. Participamos en foros y lanzamos AFE News, nuestro boletín electrónico. Poco después, nos invitaron como ponentes al IT Break Financiero para hablar sobre la minimización de riesgos en la industria. La revista IT Now nos entrevistó para un artículo sobre tendencias de seguridad móvil, otorgándole a AFE el reconocimiento de «Caso de éxito innovador en América Latina». Además, como parte de nuestro compromiso con el país, fuimos mentores en varios StartUp Weekend, en incubadoras como ALPHA y en el Climathon de Santo Domingo. No solo colaborábamos empoderando a jóvenes, sino que consolidábamos nuestra marca en todos los niveles.

A casi cuatro años de nuestro nacimiento, nos convertimos en el referente de tecnología y movilidad con mayor penetración en el mercado. Nuestros clientes estaban satisfechos y nos recomendaban. Empezamos a firmar contratos con empresas que habíamos visitado en aquel primer viaje; fueron tres años de seguimiento, pruebas y demostraciones que finalmente dieron fruto. Sabíamos que ningún banco cambia de proveedor de la noche a la mañana, pero ahora éramos el principal proveedor nacional de soluciones SMS para el sistema financiero. Para nuestro quinto aniversario, el cual celebramos con un evento que impactó fuertemente nuestras finanzas, ya teníamos el mercado local cubierto.

Sentimos entonces que las ventas internas se volvían complejas porque ya casi todos eran clientes o no deseaban cambiar. Era el momento de internacionalizar AFE y volver a usar la mejor llave: los conocidos. Contacté a amistades en empresas similares, a antiguos proveedores y clientes, creando una nueva red de contactos. En este mundo tan pequeño donde prácticamente todos nos conocemos, las referencias de calidad son invaluables.

Presupuestamos nuestra asistencia a eventos internacionales para posicionarnos como el centro de operaciones móviles de República

Dominicana. Aunque no teníamos liquidez para patrocinar, hicimos el esfuerzo de asistir. Pronto, un conocido se integró con nosotros para enviar mensajes a la isla. El volumen de SMS que empezó a cursar por nuestra plataforma nos confirmó que íbamos por el camino correcto. La voz se corrió y el interés internacional creció gracias a nuestra calidad y precios competitivos.

Mi primer viaje de ventas internacional fue a Madrid, a un evento exclusivo de SMS. Allí me reuní con un amigo cuyo servicio llevábamos ocho meses certificando. Como no todas las telefónicas dominicanas cumplen el estándar SMPP, AFE tuvo que crear una capa estándar para facilitar la conexión. Tras nueve meses de trabajo, el primer SMS de ese cliente finalmente salió. Fue, literalmente, un parto.

Nos convertimos en el hub SMS para empresas internacionales, y ese ingreso pasó a representar más de la mitad de nuestra facturación. Aquel «pequeño gato» que subestimaron había logrado el crossover: teníamos clientes en diferentes continentes moviendo millones de mensajes. Adaptamos nuestro soporte a diferentes husos horarios e idiomas con una exigencia de primer orden. Hoy, redes sociales, bancos transnacionales y servicios de transporte global son nuestros clientes.

¿Cómo lo logramos con una inversión inicial de solo mil dólares entre tres personas? La respuesta está en nuestra resiliencia y en la fortaleza para vencer los problemas emocionales más que los técnicos. Desde entonces, asistimos fielmente al SMS Contact en Estados Unidos y España para estrechar lazos y ganar la confianza de prospectos que antes solo nos conocían por correo.

Recuerdo un caso particular con un cliente en la República Checa. Estábamos estancados en la negociación. Coincidimos en un evento en Miami y nos citamos en el lobby del hotel. La situación fue incómoda: ambos usábamos traductores en nuestros teléfonos para poder comunicarnos. La reunión duró apenas diez minutos, pero al día siguiente activaron el tráfico hacia nosotros. Por eso es vital ir a los eventos: a los correos y llamadas hay que ponerles una cara.

# CAPÍTULO XI
## Sobrevivir a las crisis

A AFE le tocó, inevitablemente, sobrevivir a múltiples crisis a lo largo de su trayectoria. Como es habitual en el contexto latinoamericano, la economía fluctúa de forma constante, siempre supeditada a la estabilidad política, el vaivén de los precios del petróleo y el nivel de confianza que proyecta el país. En este escenario, la República Dominicana se erige como un auténtico caso de estudio para los economistas; es una caja de sorpresas que sobrevive con una resiliencia asombrosa a estos factores externos. En ciertas ocasiones, incluso experimentamos períodos de deflación, ese proceso inverso a la inflación que, aunque no es un buen indicador si se vuelve sostenido, cuando ocurre de forma puntual habla muy bien de la solidez de las políticas económicas locales.

Uno de los golpes más contundentes que debimos sortear ocurrió cuando apenas llevábamos un par de años de operación. Debido a un error administrativo, una de las compañías telefónicas realizó mal su facturación y, de repente, nos exigió el pago inmediato de una factura que ascendía a decenas de miles de dólares. Fue un momento crítico, pero gracias a nuestros amigos del Banco Dominicano del Progreso, quienes confiaron plenamente en nuestra integridad, logramos que nos extendieran un crédito para cubrir esa deuda acumulada por un fallo ajeno a nosotros.

Más allá de los números, las crisis emocionales han sido una constante que no hemos dejado de vivir hasta el día de hoy. Una persona que asume la responsabilidad de dirigir su propia empresa nunca está realmente libre de esas emociones que, de vez en cuando, hacen que el piso se mueva bajo sus pies. Ya sea por la toma de decisiones difíciles, por presiones económicas o por ese desgarrador dilema de tener que priorizar un problema urgente de la compañía por encima de la familia, el peso es inmenso. Este peso se vuelve aún más agobiante cuando eres inmigrante y tus afectos más profundos no están presentes en tu rutina diaria.

En el año 2020, nos enfrentamos a un desafío global que nos afectó a todos: la pandemia del COVID-19. Para AFE, la prioridad absoluta fue proteger a todo nuestro personal sin poner en riesgo la continuidad de la operación. Aunque gran parte de nuestras labores ya se realizaban de forma remota, nos vimos obligados a replantear y reformular minuciosamente nuestros procesos y canales de atención para que el impacto en los clientes fuera nulo. Este tiempo de confinamiento se convirtió en un laboratorio donde pusimos en práctica nuevas estrategias de teletrabajo y soporte remoto, atendiendo cada requerimiento desde la seguridad de nuestros hogares.

La experiencia fue tan exitosa que en AFE decidimos mantener esta modalidad de forma permanente. Notamos que nuestra productividad no solo se mantuvo, sino que aumentó, y nuestros colaboradores manifestaron sentirse mucho más cómodos realizando sus funciones desde casa. El siguiente paso en nuestra evolución ha sido fortalecer las competencias de teletrabajo de nuestro personal y generar herramientas de seguimiento cada vez más sofisticadas para nuestros clientes.

Nuestra visión actual del espacio físico ha cambiado radicalmente: ahora concebimos la oficina solo como un lugar para temas de cumplimiento legal, resguardo de registros administrativos y un punto de encuentro puntual para reuniones con clientes que así lo prefieran. Para todo lo demás, seguiremos utilizando la tecnología como puente para cumplir nuestras labores con eficiencia desde la comodidad del hogar. Si bien el COVID-19 golpeó con fuerza la economía, también nos enseñó a maximizar cada uno de nuestros recursos. Nos hizo darnos cuenta de que somos mucho más capaces de lo que creíamos y que las crisis, si se manejan con entereza, fortalecen al individuo, al grupo y a la organización entera.

Toda crisis, sin excepción, encierra una oportunidad de crecimiento, ya sea de índole económica, emocional o social. La única forma de fracasar es rindiéndose. Cuando diriges una organización como AFE, comprendes que no solo está en juego tu propio bienestar económico; hay muchas personas que dependen de que la empresa se mantenga sana, sólida y operativa. Ese compromiso sagrado hacia nuestros colaboradores es lo que nos inyecta fortaleza y nos obliga a encontrar siempre la manera de sortear los obstáculos para salir, una vez más, bien parados.

# CAPÍTULO XII
## Afrontar la competencia

No existe algo tan frustrante, hablando en términos empresariales, como la competencia desleal. Da igual cuánto te esfuerces en aplicar la mejor metodología, en pulir tus procesos o en ofertar un servicio de excelencia; siempre tendrás pisándote los talones a competidores que aspiran a ser como tú, pero que, al no lograrlo, optan por tergiversar el mercado. Lo peor de todo es cuando las amistades de turno pesan mucho más que el servicio mismo. Aunque la mayoría de las organizaciones son lo bastante astutas para distinguir una empresa dudosa de una sólida, en el mundo de los productos intangibles como el nuestro, la situación se vuelve espinosa. A lo largo de estos años hemos convivido con diversos tipos de competencia: algunas muy respetables, pero la mayoría, francamente deplorables.

*Competir por precio es una carrera hacia el abismo donde nadie gana y la calidad es la primera víctima.*

La peor competencia es aquella que intenta vender sus servicios como si fueran similares a los tuyos, cuando en realidad no lo son; básicamente, intentan comparar peras con manzanas. En el universo del SMS existen dos realidades: los servicios normados, que siguen protocolos estándar de entrega, y lo que denominamos «rutas grises». Estas rutas suelen presentar fallas críticas en la entrega, pero son mucho más económicas. Hay empresas que, con total desfachatez, las ofrecen como servicios «premium» a precios irrisorios, estafando tanto al cliente final como a las operadoras telefónicas. Además, estas rutas son un terreno fértil para la suplantación de identidad, lo que puede causar estragos incalculables, especialmente en el sector financiero. Por eso, en cada reunión de ventas nos vemos obligados a explicar pedagógicamente estas diferencias, ya que a menudo nos encontramos con prospectos a los que les han prometido «lo mismo» que AFE a mitad de precio, incluyendo funcionalidades que técnica y legalmente son imposibles de ofrecer bajo protocolos estándar.

Luego está el segundo grupo de competidores desleales: las amistades referidas. Hablo de los amigos del director, del presidente o de la gerencia de turno. Esta es, quizás, la lucha más desigual, porque no compites contra la calidad o la innovación, sino contra la «física de la palanca». Nos ha puesto en aprietos en más de una ocasión, resultando que ese tipo de competencia se convierte a veces en la principal. Afortunadamente, los equipos que toman las decisiones finales suelen evaluar las matrices de funcionalidades y terminan viendo que ambos servicios son incomparables. Aun así, el trago amargo no se pasa rápido, pues sabes que en los próximos meses tendrás que volver a defender tu marca ante el próximo ejecutivo de turno. Mi estrategia en estos casos es reposicionar al equipo que nos interpela. Busco formas muy elegantes de redirigir su atención hacia nuestras fortalezas reales sin necesidad de atacar directamente a la competencia o tildar sus ofertas de falsas. Por ejemplo, argumento que estamos certificados al cien por ciento con las telefónicas de diecisiete países y ante el Comité de Portabilidad Numérica, dejando en el aire la pregunta implícita de si los demás lo están. Lo que jamás hago es engancharme emocionalmente. Entiendo que la mayoría de los presentes en esas reuniones lo hacen por obligación y no como un ataque personal; si pierdo el foco, pierdo el fin último de sacar adelante a AFE.

El tercer grupo lo conforman los «copiones», esos que extraen tus ideas de tus propias presentaciones. Nos ha sucedido con prospectos que creíamos respetables y que terminaron filtrando nuestra descripción de productos a la competencia. Incluso hemos diseñado ideas personalizadas para campañas publicitarias en mesas de trabajo conjuntas que el cliente no nos contrató, pero que luego vimos materializarse exactamente como las propusimos. La moraleja es clara: hay que cubrirse legalmente antes de entregar una idea. Y el cuarto grupo de competencia desleal es el de quienes te piden personalizar una propuesta solo para que otro gane con tu esfuerzo.

Recuerdo que no hace muchos meses vivimos una de estas experiencias amargas. Un director de banco al que conocíamos nos invitó a participar en una licitación. Fuimos transparentes y colaborativos, mostrándoles cómo maximizar el canal y respondiendo a infinidad de consultas técnicas para ajustar la propuesta a su matriz de requerimientos. Aquel señor me llamó incluso a las nueve de la noche para hacer consultas y pruebas en sus sistemas. Sin embargo, en cuanto enviamos la presentación final junto con la propuesta económica, el teléfono dejó de sonar; nunca más volvió a contestar. Fue una «usada» monumental de la que aprendimos una lección valiosa: nadie es lo bastante confiable cuando hay dinero o comisiones de por medio. No insistimos más, porque organizaciones con directivas que carecen de sinceridad y corrección no valen el esfuerzo; si la gerencia no es sincera, los accionistas tampoco lo son.

En cambio, la competencia bien entendida es otra historia. Tener rivales de altura te obliga a ser mejor cada día, a innovar y a brindar un mejor servicio; esa es la competencia que suma. Para competir legalmente, trabajamos sobre tres pilares: nivel de atención, calidad del producto y precio. En atención, pocos pueden igualarnos; nuestras respuestas son inmediatas y con seguimiento constante, todo imbuido de esa empatía que es nuestra cultura corporativa. En cuanto a la calidad del producto, optimizamos sistemas, bases de datos y mantenemos una alta redundancia con las telefónicas para que nada impacte la operación. Y el precio, aunque sea lo menos importante para nosotros, lo mantenemos competitivo gracias a nuestra economía de escala. No caemos en discusiones estériles cuando un cliente nos dice que alguien es más barato; aplico lo que me enseñó un profesor de Finanzas: pregunta qué funcionalidad quieren que retiremos del presupuesto. Un producto tiene un precio por una razón calculada minuciosamente; si lo bajamos, algo en la estructura fallará y no podremos garantizar la excelencia. Por eso, la palabra «descuento» no existe en nuestro vocabulario.

En el mercado internacional de mensajes, donde se gana o pierde por centésimas de dólar y abundan las rutas grises, la lealtad se construye con confianza organizacional y rutas de calidad. La ética es el cimiento de nuestra relación con los competidores y seguimos tres reglas inamovibles. Primero, no jugamos con los precios: bajar el costo solo para captar clientes es una táctica de aprovechadores que no genera beneficios reales. Segundo, nunca hablamos mal de la competencia; si un producto es superior, el mercado lo reconocerá naturalmente. Hay espacio para todos y entendemos que algunos prefieren sacrificar funcionalidades por precio. Y tercero, respetamos sus fortalezas; aprender de ellos nos ayuda a identificar nuestras propias oportunidades de mejora. Me gusta compartir de forma fraterna con la competencia en los eventos, hablando de la vida más allá del mercado. Aunque algunos bromean comparándolo con hablar con la pareja actual de una ex, yo realmente aprecio a muchos de ellos. Y como bien dicen, mejor tener a tus enemigos cerca.

Para salir airosos, la clave es trabajar en la marca y en la reputación del negocio. Si tu marca es fuerte, el cliente se identifica contigo y el camino correcto te llevará a destino. No me obsesiono con los imitadores; ser copiado suele reforzar mi marca ante el mercado. Mi enfoque está en fidelizar a mis clientes, cubriendo sus necesidades y estando siempre a una llamada de distancia. Cuando un cliente te siente como su aliado, no hay competencia que logre romper ese vínculo, a menos que sea una orden directa desde arriba contra la que no hay opciones.

*Una marca sólida es el único refugio seguro cuando la competencia decide jugar sucio.*

# CAPÍTULO XIII
## Evaluar qué nos hizo llegar al éxito

Nos enfrentamos ahora a la tarea más difícil de todas: responder cómo logramos sobrevivir y alcanzar el éxito. Es una pregunta con múltiples respuestas que nos planteamos de vez en cuando, pero la verdadera interrogante es qué debemos hacer para mantenernos en esa cima. El éxito no es un estado permanente; puede ser tan efímero como una burbuja de jabón en el aire o como ese último sueño antes de que suene el despertador por la mañana. Además, cabe preguntarse si debemos hablar del éxito en singular o, acaso, de los éxitos en plural. Definitivamente, estos conceptos dependen de factores subjetivos, de la capacidad de compra, de los reconocimientos y, sobre todo, de las expectativas individuales. Ser exitoso no necesariamente es ser feliz, del mismo modo que podemos ser plenamente felices sin ser exitosos. Para efectos de este análisis, me basaré exclusivamente en el éxito visto desde el nivel empresarial: una empresa es exitosa cuando sus finanzas logran una estabilidad que permite satisfacer sus costos y generar rentabilidad para sus accionistas.

En empresas donde compartimos la sociedad con otras personas, la confianza y la empatía juegan un rol fundamental. El éxito no es sustentable en el tiempo si los miembros de la organización enfocan su atención en rencillas interpersonales. Debemos jugar en equipo, pero en muchas organizaciones el trabajo en grupo ha quedado atrapado en la simplicidad de asignar tareas. Es vital desarrollar procesos que aprovechen sentimientos y experiencias para llegar a una verdadera percepción de grupo; esto lo logramos ilustrando las actividades organizativas mientras los colaboradores identifican naturalmente sus roles. Por ejemplo, no podemos forzar al personal técnico a ser copartícipe de las sesiones de ventas si no ha sido preparado para ello o si su naturaleza introvertida no se lo permite. No hay nada peor que mostrar nuestras debilidades frente a prospectos y clientes. Algo que suelo diferenciar cuando converso con el equipo es separar «la final» de «el gran final». Debemos enfocarnos en lograr este último, y para ello, las competencias deben ser evidentes, los objetivos claros, los intereses convergentes y la ausencia total de conflictos interpersonales. La meta es alcanzar siempre lo que me gusta llamar el efecto *wow*.



Otro punto crucial para el éxito es evitar tomar decisiones procesando la información basándose únicamente en normas comunes, lo cual se asemeja más a una organización burocrática. La estrategia ganadora es tomar decisiones mediante procesos ad hoc, estructurando políticas y planes que provean un marco de referencia para todo el grupo. Me gusta definir nuestros principios como un diseño holográfico: tomar el todo en sus partes, crear conectividad y redundancia, generalizar las especializaciones y fomentar capacidades de autoorganización. Esto nos permite desarrollar capacidades para encontrar, de forma progresiva, nuevas soluciones a problemas complejos. Estamos trabajando como un cerebro entero y no como neuronas separadas.

Una vez que cuidamos nuestro recurso humano, el siguiente objetivo es mantener las finanzas saludables. Aunque es un reto difícil, cuenta con un amplio marco teórico, lo que lo hace más sencillo que el manejo de las emociones colectivas. AFE empezó con una inversión muy pequeña, sin músculo financiero ni inversionistas ángeles. Cuidar exhaustivamente nuestros costos y gastos es esencial para operar. Para un buen desarrollo presupuestario, tanto a nivel corporativo como personal, siempre debe haber un objetivo y un plan estratégico. Formular este plan implica plasmar por escrito una planificación económica, organizativa y metodológica para alcanzar la misión empresarial. Es fundamental definir qué acciones se llevarán a cabo para afrontar los retos venideros. Recomiendo plasmarlas desde tres puntos de vista: el numérico, con estimaciones de beneficios y ventas; el cronológico, especificando el margen temporal; y el interno, estableciendo políticas para estimular el alcance de metas.

Un paso vital para la salud del presupuesto es tener un cálculo preciso de los costos fijos, como nómina y servicios, y de los costos variables, como horas extras o licenciamientos adicionales. Estas proyecciones deben ser incorporadas en los gastos por objetivo. Con la estructura de costos identificada, es hora de trabajar en el margen de beneficio. Al empezar, surge la duda de cuánto cotizar para ganar sin dejar de ser competitivo. La respuesta en nuestro caso es que AFE no compite en costos, compite en calidad. Lo hemos dejado claro desde que nacimos: no caeremos en la competencia del centavo. Nuestro negocio se basa en la economía de escala; seremos más económicos a medida que crezcamos y nuestros clientes tendrán mejores precios a mayor volumen de mensajes enviados. El margen de beneficio debe ser suficiente para cubrir costos operativos y reinvertir en el crecimiento, pero no hay que ser ladrón calculándolo ni pretender volverse millonario en un par de años. No duden en solicitar apoyo financiero; a veces, para crecer, hay que endeudarse un poco. Si el plan estratégico requiere una inversión importante, no se descapitalice: busque créditos bancarios para crecer sin poner en riesgo el capital.

---

*El éxito no es un destino de llegada, sino un estándar de mantenimiento.*

---

Un error común que cometí fue tratar de vender cosas distintas a lo originalmente decidido. Eso debilita la organización porque se pierde el foco; es como ir a un restaurante con un menú de ocho páginas: al final olvidas el inicio o ya no te provoca nada. Cuando acortamos nuestra cartera de productos, es más fácil transformarnos en una empresa de referencia. AFE es referente en comunicación móvil y nuestros productos se relacionan exclusivamente con ese dispositivo. Dejamos de vender el «qué» para vender el «cómo»: ¿cómo ofrecer Banca SMS?, ¿cómo bloquear la seguridad?, ¿cómo activar cupones? Hoy nuestras soluciones están en todas las verticales y nos expandimos internacionalmente, pero seguimos fieles a nuestro producto estrella. Si en el futuro vendiéramos equipos ajenos a nuestra identidad, lo haríamos bajo otra firma, no como AFE.

Al quedarnos sin nuestro socio especializado en ventas, nos tocó aprender en el camino. Evaluamos esquemas de comisiones únicas versus recurrentes. Si la comisión es única, debe ser atractiva para el vendedor, pero si es recurrente, el costo debe sumarse al precio final para proteger el margen. Tras varios intentos fallidos con aliados, decidimos ser nuestros propios vendedores. Elaboramos un *forecast* de ventas detallado, con levantamientos de información exhaustivos de cada prospecto y porcentajes de factibilidad. Personalmente, me gusta incluir escenarios de «¿qué pasa si...?», lo que permite tomar decisiones acertadas ante peticiones particulares. Para estimar ventas sin tener un histórico, analizamos el potencial de clientes de las empresas y planteamos escenarios de uso que resultaron ser muy cercanos a la realidad.

Jamás serás exitoso si no eres empático; una empresa sin empatía tiene los días contados. La empatía corporativa va más allá de las relaciones internas; se trata de cómo la empresa se ve reflejada en sus clientes. Sin ella, es imposible conocer realmente al consumidor. Debemos conectarnos con sus actitudes y sentimientos para responder correctamente a sus necesidades. AFE define esta relación como «ser aliados, no cliente-proveedor». Mientras que la simpatía es una expresión subjetiva de sentimientos, la empatía busca la comprensión objetiva del mundo interno del otro. Debemos ser auténticos, sinceros y no generar falsas expectativas; recuerden que nuestro primer cliente lo ganamos por la sinceridad.

Finalmente, para hacer negocios hay que ser humilde. No me refiero a la falta de sueños, sino a la humildad de la accesibilidad. El directivo de alto perfil no debe ser ese individuo inalcanzable y egomaníaco que cree poseer la verdad absoluta. Cuando reconoces tus propios errores, tiendes a ser más indulgente y a dar oportunidades. En AFE, cualquier personal o colaborador de nuestros clientes tiene acceso directo a los directivos. Acompañamos al equipo en labores de soporte, ventas y hasta nos sentamos a programar con ellos. Recuerdo a una ejecutiva de un cliente que nos recomendó con los ojos cerrados porque la directiva de AFE siempre está «contactable». Hemos construido nuestra reputación con estilo propio, con la mente abierta y apoyando a colaboradores sin ser sumisos. Como indica Jim Collins: «El verdadero factor X de un gran liderazgo no es la personalidad, sino la humildad». Quienes no nos conocen creen que somos exitosos por el músculo financiero, pero por mucho dinero que mueva el negocio, hay que prestar atención al mercado, vigilar y escuchar para anticiparnos y mantenernos en la cresta de la ola.

# CAPÍTULO XIV
## Trabajar en el futuro

AFE, como la mayoría de las organizaciones con alma, está diseñada para trascender en el tiempo. Nuestra visión necesita ir mucho más allá de cualquier comité directivo o de la presencia física de sus fundadores. He notado que muchas empresas viven con un miedo constante al futuro; sin embargo, para evitar ese temor paralizante, es imperativo adquirir la habilidad de pensar por adelantado. Así como sucede con la vida misma, estamos obligados a evolucionar; tenemos que decidir si lo haremos por un proceso de selección natural o mediante una drástica y consciente mutación genética. Llevar una empresa hacia la transformación es una meta crucial, aunque reconozco que no todas las organizaciones poseen la capacidad de asumir un reto de tal magnitud. Para lograrlo, en AFE analizamos a diario cómo evolucionar, no solo en nuestra oferta de productos, sino en nuestras propias capacidades internas.

Estamos plenamente conscientes de que el SMS, tal como lo conocemos hoy, desaparecerá en algún momento para transformarse en mecanismos de comunicación mucho más avanzados. Por eso, analizamos permanentemente un amplio panorama de tendencias, seleccionando solo aquellas que cumplen con la seguridad, integridad y eficiencia que exigen nuestros clientes. Por ejemplo, por pura responsabilidad técnica, jamás ofreceríamos a un banco alertas IP a través de WhatsApp o redes sociales, por muy innovador que eso parezca, si compromete la seguridad de la información. ¿Sentimos miedo al cambio? Sí, es una tendencia intrínsecamente humana, pero hace mucho tiempo aprendimos a decirle adiós. Convertir las buenas ideas en valor real plantea desafíos inmensos, pero hemos fortalecido nuestra confianza preparándonos técnica, financiera y, sobre todo, emocionalmente.

Contrario a lo que sugieren muchos economistas, trabajar en el futuro no es algo que deba hacerse solo cuando la empresa alcanza una etapa de estabilidad. Para nosotros, construir el mañana es una tarea de sentarse día tras día, desde el primer momento, para generar nichos de mercado y nuevas oportunidades. De hecho, desde que logramos tener nuestra propia plataforma tecnológica, nuestro siguiente paso obsesivo fue el *crossover*. Queríamos ser el *hub* de Dominicana para todos los agregadores internacionales, tener presencia en los eventos más especializados y posicionar nuestra marca en el mapa global. Hoy, ese trabajo se traduce en adaptarnos a nuevos protocolos, trabajar estrechamente con las telefónicas en pruebas funcionales y ser generadores activos de investigación y desarrollo.

Debemos ser inteligentes y flexibles ante los cambios vertiginosos del mercado. La clave de una verdadera adaptación comercial enfocada hacia el futuro está en entender cómo las transformaciones sociales, culturales y económicas impactan los modelos de negocio. Bajo este esquema, rompimos paradigmas aplicando la facturación por uso real, el no cobro de mensajes fallidos e integrando técnicas de inteligencia artificial para la predicción de tráfico sin costos adicionales para el cliente. Fuimos los primeros en ofrecer confirmación de entrega y gráficas de comportamiento en tiempo real.

A pesar del nivel actual de AFE, todavía existen detractores que subestiman nuestra capacidad y nuestros productos. Normalmente no les contesto con palabras. Me basta con recordar que nacimos de una inversión minúscula, con dos directivos «orquesta» que hacían de todo, sin plataforma propia, en un país que no era el nuestro y compitiendo contra los mayores «tigres» de la industria. Hoy estamos en diversos países, atendemos clientes en todos los continentes y procesamos millones de mensajes cada mes. Al final, he aprendido que no hay que pensar tanto en el futuro, sino dedicarse cada día a construirlo.

# CAPÍTULO XV
## Momentos inolvidables

Como esta experiencia de emprendimiento se las he presentado más como una novela cargada de problemas y fracasos, quiero dedicar este capítulo a rememorar esos momentos inolvidables y positivos que han marcado el camino. Sirvan estas líneas como un homenaje a todos los que han pasado por la vida de AFE desde sus inicios, sin necesidad de nombrarlos individualmente. Uno de los momentos más difíciles, sin duda, fue la decisión de migrar. Lo hice un 17 de septiembre de 2014 acompañado de Sophia, mi gata. Ese día fue una prueba de estrés absoluta, porque parece que en la vida, si las cosas pueden hacerse difíciles en lugar de fáciles, así sucederán. Debía estar en el aeropuerto de Maiquetía a las nueve de la mañana para las revisiones de Sanidad Animal y Antidrogas, a pesar de que mi vuelo no salía sino hasta las seis de la tarde. Tras todo el suplicio de la espera, abordamos el avión; yo viajaba sin maleta alguna para poder concentrarme exclusivamente en la comodidad y el bienestar de Sophia.

En ese preciso instante me di cuenta de que ya no había vuelta atrás, y no tanto por mí, sino por ella. Jamás se me ocurriría someterla de nuevo a ese infierno regresando a Maiquetía, especialmente después de la entrada, donde la guardia te exige pagar supuestos cargos en efectivo por la importación de la mascota bajo la amenaza de que, de lo contrario, será sacrificada. Mientras el avión despegaba, no podía dejar de mirar por la ventana, intentando que esa imagen se grabara en mi memoria de forma permanente. Creo que nunca había sentido un dolor interno tan agudo; estaba dejando atrás mis querencias, mi tierra y mis orígenes para probar suerte en latitudes extrañas. ¿Cuándo podría volver? No tenía la menor idea.

Luchaba por contener las lágrimas, pero justo cuando el avión se despegó del suelo, una señora que estaba sentada a mi lado me lanzó una pregunta directa: «¿Estás emigrando, cierto?». Aquello fue el detonante final; no pude contener más el llanto. Aunque yo iba con un techo y un trabajo asegurado, no podía dejar de pensar en aquellos que tomaban la misma decisión sin tener absolutamente nada seguro. Internamente sentía que la historia se repetía: yo, hijo de inmigrantes, seguía el camino de mis padres, aunque en circunstancias distintas. Ellos huyeron de la hambruna de la posguerra, tras días de viaje en barco hacia una tierra desconocida y sin más preparación que sus manos trabajadoras; recordarlos me daba las fuerzas necesarias para seguir adelante.



A alguien a quien siempre estaré agradecido es al equipo del Banco Dominicano del Progreso. En realidad, me habría gustado cruzar la línea de la relación cliente-proveedor mucho más, porque todos allí forman una familia maravillosa. Tristemente, la marca ya no existe, pues el banco fue comprado por otra institución que también apreciamos y que sigue siendo nuestro cliente. Guardo un recuerdo olfativo muy particular de la sala de espera del tercer piso de aquel banco; hasta hoy no he podido identificar ese aroma, pero es la marca sensorial de ese lugar y espero mantenerla en mi memoria por mucho tiempo. Me causaba gracia ir a las reuniones allí, porque siempre nos decían que todo estaba perfecto y que no tenían nada que reclamarnos; insistían en que éramos de los pocos proveedores que no les generaban dolores de cabeza, así que terminábamos conversando de nuestros proyectos personales y de nuestras familias.

En una ocasión, una institución del Estado dominicano a la que intentábamos vender nuestros servicios pidió una reunión con alguno de nuestros clientes donde nosotros estuviéramos presentes. La cita fue en Progreso y me sentí avergonzadísimo, pero a la vez desbordante de orgullo; era como si mi mamá estuviera hablando de su hijo con su mejor amiga. Ni yo mismo habría podido vender a AFE tan bien como lo hizo el banco en ese encuentro. Tenía lágrimas en los ojos al escuchar cómo se expresaban de nosotros. Lo más curioso de todo es que, durante nuestro primer viaje, cuando yo estaba entusiasmado por haber logrado una reunión en Progreso, todo el mundo intentaba bajarnos los ánimos. Nos decían que era una causa perdida, que ese banco nunca compraba nada y que solo nos harían perder el tiempo; sin embargo, contra todo pronóstico, fue nuestro primer cliente.

No puedo dejar pasar tampoco mis innumerables anécdotas dentro del hotel Meliá, donde me hospedé no solo con AFE, sino desde hacía ya diez años. Recuerdo una vez que Ángela y yo celebrábamos algo en el lobby; ambos somos amantes de los *hot dogs* y los de allí eran simplemente mundiales, acompañados de unas papas fritas rebozadas espectaculares. Pedimos nuestros respectivos perros calientes con una cerveza Presidente, pero al rato la anfitriona se acercó para decirnos que el chef era nuevo y la había reprendido por ofrecernos algo que ya no estaba en el menú. Me sentí indignado, no solo por la eliminación de mi comida favorita, sino porque regañaron a alguien que solo intentaba servirnos bien. Con tristeza, accedimos a pedir otra cosa. Pero al rato, como si estuviéramos en un programa de televisión, la misma anfitriona llegó con cuatro *hot dogs* cortesía del hotel; no sé dónde los buscó, pero dejó claro que los huéspedes estaban por encima de todo. Ese gesto me hizo sentir la marca Meliá como algo propio.

Como muchos saben, soy polifacético: además de tecnólogo, pertenezco al mundo del teatro. Estaba dirigiendo dos obras en la ciudad y necesitaba una locación para las fotos de *Al agua por un pasaporte*. Pedimos permiso para usar el área de la piscina del hotel y nos lo otorgaron al momento. Mientras marcaba las fotos con el fotógrafo, uno de los actores se me acercó a preguntar si las bebidas que les ofrecía el hotel eran gratis o debían pagarlas; yo le dije que las pidiera sin importar el costo. Cuando fui a firmar la cuenta, todo había sido una cortesía del hotel hacia nosotros.

Un momento triste fue cuando la marca Meliá dejó de operar el hotel. Llegamos justo la noche en que retiraban los logos y cambiaban el nombre; fue doloroso ver a los empleados en ese proceso, pues para mí es una marca muy fraterna. Por suerte, el personal entrenado por ellos siguió allí con el mismo esmero. Tiempo después, asistimos a un evento de tecnología en ese mismo hotel bajo la nueva marca, pero era realmente malo. Le propuse a Ángela salirnos para ir al cafetín a trabajar y recordar viejos tiempos. El personal corrió la voz y todos vinieron a saludarnos con un cariño real; el abrazo fue sincero. Ángela y yo coincidimos en que, por gente así, por el dominicano de verdad, se nos hizo fácil dejar nuestro país para instalarnos en este nuevo hogar. La cereza del pastel llegó al pedir la cuenta: nos dijeron que éramos familia, no huéspedes, y que a la familia se le invita a comer en casa. Se me volvieron a aguar los ojos en ese instante.

Los mejores momentos de AFE ocurrieron en ese hotel, incluyendo las confusiones del personal, que al principio creía que Ángela y yo éramos esposos. Luego Ángela se quedó allí con su pareja real y los empleados no sabían cómo mirarme a los ojos, pensando que ella me había sido infiel. Después yo llevé a mi pareja y pasó exactamente lo mismo con ella, hasta que finalmente entendieron que éramos una gran familia. También recuerdo el día que llegó Rodolfo con su esposa para quedarse unos meses en casa mientras buscaban apartamento. Al saludarla en el aeropuerto, ella rompió en un mar de lágrimas. Nadie emigra por gusto ni deja sus querencias sin necesidad. Para aligerar el impacto del cambio, decidimos pasar un fin de semana en un resort de Punta Cana. Justo antes de salir, una telefónica nos pidió apoyo remoto para un cambio de servidores el sábado a medianoche. No cancelamos el viaje; nos armamos con las computadoras y trabajamos de madrugada junto a la piscina con una piña colada. Hay otras formas de disfrutar un resort, pero el trabajo siempre está primero. Inolvidable fue también nuestra celebración del quinto aniversario en el Marriott de Blue Mall, no solo porque Ángela se cayó en plena calle al salir de la fiesta privada, sino por lo especial de compartir con clientes y amigos. Ver la cronología de nuestro crecimiento esa noche nos hizo interiorizar, quizás por primera vez, todo lo que habíamos logrado en esos cinco años de vida.

# CAPÍTULO XVI
## El arte de emigrar y emprender al mismo tiempo

Existe una diferencia abismal entre emigrar y emprender. Pero cuando haces las dos cosas al mismo tiempo, la experiencia se multiplica de una forma que nadie te prepara para enfrentar. Es como intentar construir un avión mientras lo estás pilotando en plena turbulencia. No hay manual para eso. Solo hay instinto, resistencia y una terquedad que a veces roza lo irracional.

Emigrar implica un duelo. No es una exageración ni una figura retórica: es un duelo real, con todas sus etapas. Primero viene la negación, esa fase en la que te convences de que es temporal, que volverás pronto, que tu país se arreglará y podrás regresar a la vida que conocías. Después llega la rabia, esa indignación profunda contra las circunstancias que te obligaron a dejar todo atrás. Luego viene la negociación: «Si logro esto en dos años, vuelvo». Y finalmente, si tienes suerte, llega la aceptación. Pero incluso esa aceptación viene cargada de una nostalgia que nunca te abandona del todo.

Ahora imagina que, mientras transitas ese duelo emocional, debes al mismo tiempo proyectar confianza frente a un cliente, negociar con una telefónica, cuadrar un presupuesto que no cierra y mantener la sonrisa en una reunión donde te juzgan no solo por tu propuesta, sino por tu acento, por tu nacionalidad y, a veces, por prejuicios que ni siquiera se atreven a verbalizar. El inmigrante emprendedor carga con una doble mochila: la del negocio y la del desarraigo. Y ambas pesan.

*El inmigrante que emprende no elige entre sobrevivir y soñar.*
*Hace las dos cosas al mismo tiempo, todos los días.*

Uno de los aspectos más difíciles de esta dualidad es la soledad. No hablo de la soledad romántica ni de la falta de compañía social. Hablo de esa soledad específica que sientes cuando llamas a tu madre un domingo por la noche y te dice que la vecina le preparó una sopa porque ella no tenía fuerzas para cocinar, y tú estás a miles de kilómetros sin poder hacer absolutamente nada. Esa soledad que te consume cuando ves en redes sociales que tus amigos celebran un cumpleaños al que no fuiste invitado, no porque te excluyeran, sino porque ya no eres parte de esa geografía cotidiana.

En esos momentos, el emprendimiento se convierte en tu ancla emocional. Suena contradictorio, pero es así. Cuando todo lo demás se tambalea, el trabajo te da estructura. Las reuniones, los objetivos, los plazos de entrega te obligan a levantarte cada mañana con un propósito. AFE no solo fue mi proyecto empresarial; en muchos sentidos, fue mi terapia. Cada cliente nuevo que ganábamos era una validación silenciosa de que la decisión de emigrar no había sido en vano. Cada mes que cerrábamos con las cuentas en orden era una pequeña victoria contra la voz interior que te susurra que deberías haber sido más prudente y quedarte donde estabas.

Pero el emprendimiento en tierra ajena también amplifica tus inseguridades. En tu país, conoces las reglas no escritas. Sabes cómo funciona la burocracia, qué tono usar en cada contexto, cuándo un «sí» significa «sí» y cuándo significa «lo voy a pensar». En el extranjero, todo ese conocimiento implícito desaparece y debes reconstruirlo desde cero. Recuerdo mis primeros meses en República Dominicana intentando descifrar los códigos culturales del mundo de los negocios local. ¿Cuánto tiempo es aceptable llegar tarde a una reunión? ¿Cuándo insistir y cuándo retirarse? ¿Cómo interpretar ese «déjame consultarlo» que puede significar tanto un avance como un rechazo educado?

Aprendí que la humildad cultural es tan importante como la humildad empresarial. No puedes llegar a un país nuevo creyendo que tu forma de hacer las cosas es la correcta y la local está equivocada. He visto a muchos emprendedores inmigrantes fracasar no por falta de talento o capital, sino por arrogancia cultural. Llegaban con la actitud de «yo vengo a enseñarles cómo se hace» y el mercado los expulsaba con la misma velocidad con la que entraron. El dominicano, con su bonhomía característica, te recibe con los brazos abiertos, pero exige respeto. Y ese respeto se gana adaptándose, no imponiendo.

Hay un fenómeno psicológico que pocos mencionan y que yo viví intensamente: la culpa del inmigrante exitoso. Cuando las cosas empiezan a irte bien en el exterior, aparece una culpa sorda, como un zumbido constante. Te sientes culpable por estar mejor que los que se quedaron. Culpable por celebrar un logro mientras tu país atraviesa una crisis. Culpable por haberte ido, como si emigrar fuera una traición y no una decisión de supervivencia. Aprendí a convivir con esa culpa, a no dejar que me paralizara, pero no voy a mentir: sigue ahí, agazapada en algún rincón, esperando el momento menos oportuno para recordarme de dónde vengo.

Lo más revelador de emigrar y emprender simultáneamente es que descubres quién eres realmente. Cuando te despojan de tu zona de confort, de tu red de seguridad social y de la comodidad de lo conocido, lo que queda es tu esencia pura. Descubrí que soy más resiliente de lo que creía, pero también más vulnerable. Descubrí que la distancia no debilita los vínculos verdaderos, sino que los purifica: los que sobreviven a la lejanía son los que realmente importan. Y descubrí, quizás lo más importante de todo, que uno puede construir un hogar en cualquier lugar del mundo si tiene la voluntad de echar raíces nuevas sin olvidar las antiguas.

A los inmigrantes que están pensando en emprender en su país de adopción les digo esto: no subestimen el poder de su historia personal. Esa travesía que los trajo hasta aquí, con todas sus dificultades, es su mayor diferenciador competitivo. Porque quien ha tenido el coraje de dejarlo todo para empezar de cero en otra tierra posee una fortaleza que no se enseña en ninguna universidad. Esa fortaleza es su verdadero capital inicial.

Hoy, cuando camino por las calles de Santo Domingo y alguien me pregunta de dónde soy, ya no siento la necesidad de explicar una historia completa. Simplemente digo: «Soy de aquí». Porque, al final, tu hogar no es el lugar donde naciste. Tu hogar es el lugar que decidiste construir. Y yo decidí construir el mío en esta isla que me adoptó como uno de los suyos.

# CAPÍTULO XVII
## Lo que le diría a quien está por empezar

Si pudiera sentarme contigo en un café —uno de esos largos, con el segundo cortado ya enfriándose sobre la mesa— y contarte todo lo que sé antes de que des tu primer paso como emprendedor, te diría esto: prepárate para perder antes de ganar. No es pesimismo; es la verdad más útil que alguien puede darte. Quien te vende la idea de que emprender es un camino de victorias consecutivas te está mintiendo o nunca lo ha intentado.

Lo primero que necesitas entender es que tu idea, por brillante que te parezca a las tres de la mañana, no vale nada sin ejecución. He conocido a decenas de personas con ideas espectaculares que nunca salieron del café donde las discutieron. La diferencia entre el soñador y el emprendedor no está en la calidad de la idea, sino en la voluntad de convertirla en algo tangible, aunque sea imperfecto. No esperes a tener todo resuelto para empezar. Si yo hubiera esperado a tener la plataforma perfecta, el capital completo y el socio ideal, AFE nunca habría existido.

*La idea perfecta que nunca ejecutas vale menos que la idea mediocre que pones en marcha mañana.*

Sobre los socios, te voy a decir algo que probablemente no leerás en ningún otro libro de negocios: la amistad previa no es garantía de nada. De hecho, puede ser una trampa. He visto amistades de décadas destruirse por un desacuerdo sobre quién debía pagar la factura del hosting. Y, paradójicamente, he construido la sociedad más sólida de mi vida con alguien que era una completa desconocida. ¿Qué aprendí? Que lo que importa no es cuánto tiempo llevas conociendo a alguien, sino qué tan alineados están sus valores, su ética de trabajo y su tolerancia al riesgo. Si esos tres pilares coinciden, todo lo demás se puede negociar.

También necesitas hablar de dinero antes de que el dinero se convierta en un problema. He visto sociedades naufragar porque los socios no tuvieron la conversación incómoda al principio. ¿Quién pone cuánto? ¿Cómo se distribuyen las ganancias? ¿Qué pasa si uno necesita retirar capital antes de tiempo? ¿Cómo se valora el trabajo de quien aporta su tiempo frente al que aporta su dinero? Estas preguntas no son agradables, pero evitarlas es mucho peor. Ángela y yo aprendimos por las malas que hasta una acción de diferencia puede generar heridas profundas si no se maneja con transparencia.

Hablemos de las ventas, ese territorio que aterroriza a los técnicos. Si eres como yo —un programador, un ingeniero, alguien que se siente más cómodo frente a una pantalla que frente a un cliente—, tengo noticias para ti: vas a tener que vender. No hay alternativa. Incluso si tienes un socio comercial, necesitas entender el proceso de venta porque, el día que ese socio no esté, serás tú quien deba sentarse frente al prospecto y cerrar el trato. Mi consejo es sencillo: no vendas características técnicas, vende soluciones a problemas reales. A nadie le importa cuántos mensajes por segundo puede procesar tu plataforma; lo que le importa al director del banco es que sus clientes reciban la alerta de seguridad antes de que el fraude se consume. Traduce tu tecnología al idioma de quien te paga.

*No vendes un producto. Vendes la tranquilidad de que el problema de tu cliente dejará de existir.*

Sobre el fracaso, quiero ser directo: vas a fracasar. No una vez, sino varias. Y cada fracaso dolerá. Pero hay una diferencia enorme entre fracasar y ser un fracasado. El fracaso es un evento; ser un fracasado es una identidad. Mientras no adoptes la segunda, el primero será solo un escalón, incómodo pero necesario. Mis primeros intentos de emprendimiento fueron desastrosos, pero cada uno me enseñó algo que usé en el siguiente: a no confiar ciegamente en socios referidos, a proteger mi voz y mi voto en las decisiones, a no regalar mi trabajo intelectual a cambio de promesas vacías. Esas lecciones, que solo se aprenden en la derrota, fueron los cimientos invisibles sobre los que AFE se construyó.

Cuida tu salud mental con la misma rigurosidad con la que cuidas tu flujo de caja. El emprendimiento es una máquina de generar ansiedad, y si no tienes válvulas de escape, terminarás quemado antes de ver los primeros resultados. Yo encontré en el teatro mi refugio creativo, ese espacio donde dejaba de ser el director de una empresa de tecnología para convertirme en otra persona, con otros problemas, en otro universo. No importa cuál sea tu válvula —el deporte, la música, la cocina, las caminatas solitarias—, encuéntrala y protégela como si fuera un activo estratégico, porque lo es.

También quiero hablarte de la paciencia, una virtud que los emprendedores solemos confundir con la pasividad. Paciencia no es sentarse a esperar que las cosas pasen; es seguir trabajando con intensidad mientras aceptas que los resultados tienen su propio ritmo. Nuestro primer cliente tardó tres meses en confirmar después de la primera reunión. En ese tiempo, yo habría querido llamarlos cada día para preguntar «¿ya decidieron?», pero entendí que la ansiedad del vendedor espanta al comprador. Trabajé en silencio, mejoré la propuesta, busqué otros prospectos y, cuando la notificación finalmente llegó, tenía la mesa preparada para atenderlos con la excelencia que merecían.

*La paciencia no es esperar. Es trabajar en silencio mientras el resultado decide aparecer.*

No subestimes el poder de los detalles pequeños. Una tarjeta de presentación bien diseñada, un correo electrónico con dominio propio, una propuesta comercial sin errores ortográficos. Estas cosas, que parecen triviales, son las que construyen la percepción de profesionalismo. He perdido el respeto por empresas grandes al recibir correos desde cuentas genéricas y he ganado la confianza de directivos exigentes simplemente porque nuestra imagen corporativa transmitía seriedad. El empaque importa, especialmente cuando eres nuevo y nadie te conoce.

Y por último, pero quizás lo más importante: no emprendas solo por el dinero. Si tu única motivación es enriquecerte, vas a abandonar en los primeros meses de números rojos. Emprende porque tienes una necesidad visceral de crear algo que lleve tu huella, porque te incomoda la mediocridad corporativa, porque sientes que puedes ofrecer algo que nadie más ofrece de la misma manera. El dinero es una consecuencia del buen trabajo, no su causa. En AFE pasamos más de un año sin percibir un solo centavo de salario, y lo que nos mantuvo de pie no fue la expectativa de riqueza, sino la convicción de que estábamos construyendo algo que valía la pena.

Si después de leer todo esto sigues queriendo emprender, entonces probablemente estés listo. No porque tengas todas las respuestas, sino porque aceptaste que no las necesitas todas para dar el primer paso. Y eso, créeme, ya es mucho más de lo que tenía yo cuando decidí subirme a ese avión con una gata en los brazos y un sueño bajo el brazo.

# CAPÍTULO XVIII
## La sociedad improbable: anatomía de una confianza

Si hay algo que define la historia de AFE es la improbabilidad estadística de que funcionara. Dos personas que no se conocían, provenientes de mundos profesionales distintos dentro de la misma industria, con personalidades que sobre el papel parecían incompatibles, decidieron apostar sus ahorros, su reputación y su futuro en un proyecto conjunto. Si alguien me hubiera presentado ese escenario como un caso de estudio en la universidad, yo mismo habría dicho: «Eso no tiene ninguna posibilidad de funcionar».

Y sin embargo, funcionó. No porque tuviéramos suerte, sino porque descubrimos —a tropezones, sin ninguna planificación previa— los pilares fundamentales de una sociedad exitosa. Hoy, con la perspectiva que dan los años, puedo identificar con claridad los factores que hicieron que esta «sociedad improbable» no solo sobreviviera, sino que se convirtiera en el activo más valioso de la compañía.

*La mejor sociedad no es la que nunca tiene conflictos, sino la que los resuelve sin perder el respeto mutuo.*

El primer factor fue la complementariedad real, no la complementariedad teórica que se enseña en las escuelas de negocios. Ángela y yo no nos sentamos a definir roles en una pizarra; los roles se definieron solos porque cada uno gravitó naturalmente hacia lo que sabía hacer mejor. Yo me sumergí en la tecnología, la infraestructura y la estrategia técnica. Ella se adueñó de las finanzas, la gestión administrativa y la relación con los entes reguladores. Y ambos, por necesidad más que por elección, terminamos aprendiendo a vender. No hubo un acuerdo formal sobre quién hacía qué; hubo una dinámica orgánica que surgió del respeto mutuo por las competencias del otro.

El segundo factor, y quizás el más contraintuitivo, fue el valor del desconocimiento previo. Al no tener una historia compartida, no arrastrábamos resentimientos antiguos, expectativas no cumplidas ni dinámicas de poder preestablecidas. Cada interacción era nueva, evaluada por su mérito y no por el filtro de experiencias pasadas. Cuando Ángela tomaba una decisión financiera, yo no la cuestionaba pensando «la última vez que hiciste esto salió mal», porque no había una «última vez». Empezamos con una hoja en blanco, y esa tabula rasa fue paradójicamente nuestra mayor fortaleza.

El tercer factor fue la gestión de los conflictos. Porque sí, los hubo. Muchos. Y sería deshonesto de mi parte pintarlos como «diferencias creativas» o «oportunidades de crecimiento». Algunos fueron dolorosos, ruidosos y difíciles de resolver. Pero establecimos una regla no escrita que nos salvó de la destrucción: nunca nos íbamos a dormir con un problema sin resolver. Si había un desacuerdo, se ponía sobre la mesa, se discutía y se buscaba una solución antes de que la noche terminara. Eso significó noches largas de conversaciones incómodas, pero también significó que los conflictos nunca se enquistaron ni se convirtieron en rencores silenciosos que envenenan las sociedades por dentro.

El cuarto factor fue aceptar nuestras debilidades en voz alta. Yo reconocí desde el principio que no sabía vender. Ángela admitió que la tecnología no era su terreno. Ninguno de los dos pretendió ser experto en algo que no dominaba, y esa honestidad brutal eliminó la competencia interna que destruye a tantas sociedades. No había ego profesional en juego; había un objetivo común que era más grande que cualquier vanidad individual.

---

*Los mejores socios no son los que piensan igual; son los que piensan distinto y aun así logran remar en la misma dirección.*

---

Hay un momento que cristaliza todo esto en mi memoria. Fue durante una feria internacional de telecomunicaciones, uno de esos eventos donde todas las empresas compiten por captar la atención de potenciales clientes en un espacio reducido. Ángela y yo estábamos compartiendo un stand modesto, sin las pantallas gigantes ni los equipos de promotoras que desplegaban nuestros competidores. En un momento, un prospecto se acercó y nos preguntó cuántas personas éramos en la empresa. Recuerdo la pausa que hicimos antes de responder, esa milésima de segundo en la que ambos pensamos si decir la verdad o inflar la cifra.

«Somos dos directivos y un equipo técnico de primera», dijo Ángela sin titubear. El prospecto sonrió, probablemente esperando una respuesta más grandilocuente, y se fue. Pero dos semanas después nos llamó. Nos dijo que lo que lo convenció no fue nuestra presentación, sino nuestra honestidad. «En un mundo donde todos exageran», nos explicó, «encontrar a dos personas que dicen la verdad sin maquillaje es refrescante. Y si son así de honestos con un extraño, imagino cómo serán con sus clientes».

Ese cliente sigue con nosotros hasta hoy.

La sociedad entre Ángela y yo no es perfecta. Ninguna lo es. Pero es genuina, y eso la hace infinitamente más valiosa que cualquier asociación calculada en una hoja de cálculo. Nos cuidamos mutuamente, nos exigimos mutuamente y, cuando es necesario, nos decimos las verdades que nadie más se atreve a decirnos. Eso, en el mundo de los negocios, es un lujo que no tiene precio.

A quienes dudan de emprender con alguien que no conocen les digo: la confianza no se hereda ni se compra. Se construye un ladrillo a la vez, con cada decisión compartida, con cada crisis superada en equipo, con cada noche de insomnio donde el otro te dice «tranquilo, somos los mejores y no tenemos miedo» y, por un instante, logras creerlo. Esa confianza, forjada en la adversidad, es más fuerte que cualquier amistad de toda la vida. Porque no se basa en la comodidad del afecto, sino en la certeza de que, cuando todo se ponga difícil, tu socio estará ahí, no porque te quiera, sino porque cree en lo mismo que tú.

Muchas personas me preguntan con frecuencia sobre el origen de AFE, sobre cómo logramos destacarnos en un mercado tan competitivo y, especialmente, cuántos años llevo conociendo a mi socia. Cuando les respondo con total honestidad que llevo conociéndola exactamente la misma cantidad de años que tiene de vida la compañía, la gente simplemente no puede creerlo.

Se ha corrido la voz de tal manera que nuestra empresa se menciona como un caso de estudio en escuelas de negocios internacionales. Me invitan a menudo para mostrar cómo dos perfectos desconocidos logramos salir adelante en un proyecto común y alcanzar el éxito que hoy disfrutamos. Después de mucho tiempo de reflexión, decidí que, efectivamente, debía compartir esta experiencia. Sé que este relato puede ser un motor de motivación para quienes creen que para ser exitoso es obligatorio contar con una gran inversión inicial; pues bien, amigos míos, les aseguro que lo que realmente hace falta es una idea sólida y las ganas inquebrantables de hacer los sueños realidad.

En estas páginas comparto con ustedes mis éxitos y, con la misma importancia, mis fracasos. Les entrego las vivencias de cómo entramos en un mercado dominado por los grandes jugadores, en un país que no era el nuestro, y las estrategias que aplicamos para manejar un presupuesto escaso mientras superábamos cada crisis que se nos presentó en el camino.

*Emprender no es un camino de respuestas; es la voluntad de seguir caminando mientras las encuentras.*

Emprender es una montaña rusa de emociones que te coloca constantemente en una posición de lucha o de derrota. Al final, saber manejar esas sensaciones es lo que decidirá la actitud que adoptaremos ante los retos. Espero que esta vivencia empresarial sirva para despejar de errores el camino de muchos y para dar fe de que, con determinación, sí se puede lograr. Lo que aprendí en este viaje es que no debemos temer jamás a lo desconocido, porque es precisamente allí donde, quizás, encontraremos nuestro mejor futuro.

*Bienvenido a la realidad del éxito.*

# PREGUNTAS FRECUENTES (FAQ)

A lo largo de estos años, ya sea en los pasillos de una universidad, en foros de tecnología o tras alguna charla de emprendimiento, me he topado con las mismas inquietudes una y otra vez.

He notado que el miedo al vacío es universal, pero las respuestas suelen estar escondidas en la experiencia cruda, no en los libros de texto. Aquí he recopilado las dudas que más me plantean, respondidas desde la trinchera de AFE.

## 1. ¿Cómo puedo confiar en un socio al que apenas conozco?

La confianza no es un cheque en blanco que se entrega por años de amistad; es una construcción basada en la ética y la sincronía de objetivos. Ángela y yo éramos totales desconocidos, pero compartíamos una historia invisible: habíamos trabajado en los mismos proyectos y con la misma gente sin saberlo. Esa coincidencia generó una confianza inmediata porque hablábamos el mismo lenguaje profesional.

*Confiar mal es una decisión, pero confiar en la integridad compartida es el mayor acierto de un negocio.*

## 2. No tengo capital, ¿es posible emprender así?

AFE nació con una inversión de apenas mil dólares divididos entre tres personas. La clave no es cuánto tienes, sino cómo lo haces rendir. Aplicamos la filosofía As a Service: no compramos servidores ni software costoso de entrada, sino que los alquilamos y pagamos por uso. Esto nos permitió operar sin un costo inicial que nos asfixiara.

3. **¿Cómo sé cuándo es el momento de renunciar a mi empleo estable?**

El momento llega cuando te das cuenta de que tu cargo es «de papel» y que las decisiones importantes se toman entre amigos y no entre profesionales. En mi caso, la frustración corporativa y la falta de empatía con la organización fueron el empuje final. No renuncié por un sueño romántico, sino porque mi personalidad no me permitía conformarme con la mezquindad de un sistema que ya no funcionaba para mí.



4. **Soy técnico, no vendedor. ¿Cómo puedo cerrar negocios?**

Yo tampoco sabía vender ni agua en el desierto. Al principio, dependíamos totalmente de Eli, nuestra socia experta en ventas. Cuando ella renunció, nos vimos forzados a aprender en el camino. Descubrimos que la mejor venta no es la de un catálogo infinito, sino la que ofrece soluciones específicas a través de la sinceridad y la transparencia. La clave está en el seguimiento exhaustivo y en un forecast de ventas que contemple hasta el escenario más pesimista.

5. **¿Por qué República Dominicana y qué tan difícil es legalmente?**

Elegí Dominicana porque conocía su mercado, tenía los contactos y sabía que su economía se movía con una agilidad impresionante. Sin embargo, la parte legal es un hueso duro de roer. Tuve que introducir mi expediente de residencia once veces antes de que lo aceptaran. Mi consejo es que nunca intentes un emprendimiento sin asesoría legal y contable local; árbol que nace torcido, jamás su rama endereza.

6. **¿Qué hago si la competencia ofrece lo mismo a mitad de precio?**

Primero, asegúrate de que realmente ofrezcan lo mismo. En nuestro mundo, muchos compiten con «rutas grises» de baja calidad y alta inseguridad. AFE nunca ha competido por precio, sino por calidad y nivel de atención inmediata. Si un cliente prefiere sacrificar seguridad por centavos, ese no es el cliente que AFE busca.



## 7.  ¿Es mejor emprender solo o acompañado?

Esa pregunta me acompañó por mucho tiempo. Tras varios intentos fallidos en solitario y en grupo, entendí que el emprendimiento real requiere una simbiosis: un poder tecnológico, uno de ventas y uno financiero. Solo puedes llegar rápido, pero acompañado llegas más lejos, siempre y cuando todos empujen en la misma dirección y guarden una ética innegociable.

## 8.  ¿Cómo manejas el miedo a fallar de nuevo?

El miedo no desaparece; simplemente aprendes a manejarlo. La mayoría de las crisis, ya sean económicas o emocionales, te fortalecen si no te rindes. Mi mantra siempre ha sido el mismo: somos los mejores y no tenemos miedo. Si te caes, te levantas y vuelves a intentar, porque cada «no» acumulado te acerca un paso más al «sí» definitivo.



## 9.  ¿Es suficiente ser un experto técnico para triunfar en los negocios?

Definitivamente, no. Mi formación en computación y mis investigaciones en inteligencia artificial me dieron una base sólida, pero el laboratorio no te prepara para el mundo de los negocios de alto nivel; son universos opuestos con metas distintas. Al principio, como buen cerebrito «sobrado», cometí errores comerciales básicos, como no incluir licencias de software en mi presupuesto. Entendí que si quería emprender de verdad, necesitaba fortalecer mi área de negocios, lo que me llevó a realizar un máster en Madrid.

## 10. ¿Realmente se necesita una oficina física para que te tomen en serio?

Al principio, AFE operó de forma remota, pero descubrimos que a las personas les gusta el contacto físico y saber dónde se ubica su proveedor. Tuvimos la suerte de compartir espacio con amigos, pero esa situación nos restaba privacidad y terminó costándonos lo mismo que una oficina propia. Sin embargo, la pandemia nos enseñó que somos más capaces de lo que creemos operando desde el hogar; hoy, AFE apuesta por un modelo ligero, con espacio físico solo para lo legal y reuniones críticas.

## 11. ¿Debo pagar comisiones o usar «palancas» para conseguir mis primeros clientes?

Jamás. Algo que ha caracterizado a AFE desde el día cero es que nunca hemos pagado comisiones para que nos contraten; nuestra calidad es más que suficiente para eso. He visto cómo la «física de la palanca» —usar amistades de directivos— puede ponerte en aprietos, pero los equipos que deciden prefieren la eficiencia técnica sobre el nepotismo. Una venta lograda por referencia oscura es un atajo que ensucia tu nombre.



## 12. ¿Cuál es el error más común al manejar el presupuesto inicial?

El error cardinal es lo que llamo el síndrome del baby entrepreneur: gastar una tajada enorme del capital en adquirir absolutamente todo antes siquiera de facturar el primer centavo. En AFE aprendimos que cuando comercializas servicios, no necesitas quemar el capital de entrada. La clave es distinguir entre lo imprescindible y lo opcional, y adoptar modelos As a Service para pagar solo por lo que realmente usas.

### 13. ¿Cómo mantengo la cohesión del equipo cuando las cosas van mal?

La clave es la humildad de la accesibilidad: cualquier colaborador debe tener acceso directo a los líderes. En AFE aplicamos principios de diseño holográfico, donde trabajamos como un cerebro entero y no como neuronas separadas. Si un líder es inalcanzable, se vuelve ciego al entorno del negocio y termina rodeado de conflictos interpersonales que destruyen la organización.

### 14. ¿Cuándo es el momento de internacionalizar la empresa?

Llegó cuando sentimos que el mercado local estaba cubierto y las ventas internas se volvían cada vez más complejas. Volvimos a usar la «mejor llave para abrir puertas» —los conocidos— y contactamos a antiguos proveedores y clientes. Aunque nos veían como un «pequeño gato», logramos hacer el crossover a cuatro continentes porque ofrecíamos una ruta de calidad que las empresas transnacionales necesitaban.

*El mundo es pequeño para quienes ofrecen calidad sin fronteras.*

### 15. ¿Qué pasa si un socio decide abandonar el barco en el peor momento?

A nosotros nos pasó con Elizabeth justo cuando ganamos nuestro primer cliente. Fue un duro golpe porque perdimos nuestro pilar comercial, pero decidimos asumir las deudas y aceptar el traspaso de acciones para no fallarle al cliente que había confiado en nosotros. Las crisis de sociedad se superan con profesionalismo y manteniendo la palabra empeñada, aunque eso signifique trabajar el doble por un tiempo.

### 16. ¿Cómo sé si mi idea de negocio tiene futuro?

El futuro no es un lugar al que llegas, es algo que construyes día a día analizando nuevos nichos y protocolos. En AFE estamos claros en que el SMS como lo conocemos desaparecerá algún día, por eso integramos innovaciones de forma frecuente, incluso usando lo que ya existe para brindar nuevos servicios. No emprendes para ver qué pasa mañana, sino para decidir qué pasará.

# ANEXO
## El Decálogo del Emprendedor Inmigrante

Emprender es, de por sí, una carrera de obstáculos; hacerlo en una tierra que no te vio nacer es una maratón emocional y logística que te obliga a reconstruirte desde las cenizas.

A lo largo de mi travesía entre Venezuela y la República Dominicana, aprendí que la maleta no solo se llena de ropa, sino de una voluntad inquebrantable que debe ser más fuerte que el miedo a lo desconocido.

Este decálogo no es una teoría académica; es un destilado de los golpes, las esperas en oficinas migratorias y las noches de insomnio que forjaron AFE.

### I. La legalidad no es negociable

Árbol que nace torcido, nunca su rama endereza. Desde el primer día de vida de tu proyecto, debes nacer bien para evitar que sanearte fiscalmente sea una pesadilla en el futuro. Contar con un contador local especializado es una inversión, no un gasto; él será tu brújula en un sistema impositivo que no conoces y te salvará de la ceguera de la dualidad de monedas que suele distorsionar tus estados financieros.

### II. Tu estatus migratorio es tu libertad operativa

No permitas que tu permanencia sea una debilidad. Tramitar una visa de trabajo o una residencia es un proceso extenuante —yo mismo tuve que introducir mi expediente once veces—, pero es lo único que te permite cobrar un salario legalmente y mirar a tus socios y clientes a los ojos sin miedo a ser deportado. Un estatus irregular es un infierno que te condena al subpago y a la vulnerabilidad.

### III. Distingue entre vanidad y supervivencia presupuestaria

Al iniciar, cada centavo cuenta. El presupuesto debe ejecutarse bajo un orden estricto: lo imprescindible, lo importante y lo opcional. No quemes el capital comprando hardware costoso cuando puedes operar con modelos As a Service; alquilar infraestructura te permite pagar solo por lo que usas y te da la flexibilidad que un inmigrante necesita para moverse rápido.

## IV. La red de contactos es tu llave maestra

En el mundo real, las oportunidades no siempre llegan por lo que sabes, sino por quién te conoce. Utiliza tus amistades y conocidos para abrir puertas, pero entra en ellas respaldado por la calidad de tu trabajo. No subestimes el poder de un café; a veces, una reunión de diez minutos cara a cara activa el tráfico que un año de correos electrónicos no logró concretar.

## V. La sinceridad es tu estrategia de ventas más eficiente

No pretendas saberlo todo. Admitir que no conoces una herramienta específica pero demostrar que tienes la capacidad de aprenderla genera una confianza que los tecnicismos no pueden comprar. La transparencia con el cliente es lo que te ganará su lealtad frente a competidores que prometen imposibles.

## VI. Adopta la cultura del país que te recibe

Para vender en República Dominicana, hay que entender y amar al dominicano. Su alegría, su grandeza y su forma de hacer negocios son parte del ecosistema donde quieres prosperar. Mi experiencia de ocho años en el mercado antes de fundar AFE me enseñó que la empatía por la gente local es lo que realmente te integra a su economía.

## VII. Ética innegociable frente a la competencia

En el mercado encontrarás «rutas grises» y competidores que operan bajo la «física de la palanca» o el pago de comisiones. Nunca cedas. AFE jamás ha pagado comisiones para ser contratada; la calidad de tu producto debe ser tu único respaldo. Si compites por precio, eres reemplazable; si compites por calidad, eres indispensable.

## VIII. Infraestructura ligera y descentralizada

No te ates a una oficina física antes de tiempo si tu negocio es tecnológico. Las empresas ligeras y dinámicas sobreviven mejor a las crisis. El teletrabajo y el soporte remoto, reforzados por la pandemia, demostraron que la productividad nace de la comodidad y el compromiso del personal, no de cuatro paredes. Mantén un espacio solo para lo legal y las reuniones críticas.

## IX. Humildad de accesibilidad

Un líder inalcanzable es un líder ciego. Mantén las puertas abiertas tanto para tu equipo como para tus clientes. El hecho de que la directiva de AFE siempre esté «contactable» es lo que nuestros clientes recomiendan con los ojos cerrados. La humildad de sentarse a programar con tu equipo te da la visión de conjunto que los egomaníacos pierden.

X. Gestiona el dolor del desarraigo

Migrar con una maleta vacía y ver desde la ventana del avión cómo dejas tus querencias genera un dolor interno agudo. Sin embargo, ese mismo dolor es el que te da la fuerza para no rendirte. Recuerda que la historia se repite; muchos somos hijos de emigrantes que huían de crisis anteriores, y esa herencia de manos trabajadoras es nuestro mayor activo.

---

*Emigrar no es solo cambiar de país; es arrancarse*
*la piel para que nazca una nueva.*

---

# GUÍA DE LECTURA
## Cuaderno de Estrategia

Emprender es un viaje que se hace a pie, donde cada kilómetro recorrido deja una cicatriz y cada cicatriz, una lección. He querido destilar los momentos más crudos de mi historia en este «Cuaderno de Estrategia», para que, cuando el camino se vuelva oscuro, estas verdades te sirvan de brújula. Aquí no hay teorías; solo el eco de los golpes que nos enseñaron a caminar.

## I. El Despertar y la Sinceridad

No emprendes porque tengas todas las respuestas; emprendes porque ya no soportas las mismas preguntas.

El talento sin enfoque es solo energía desperdiciada.

La sinceridad no es una debilidad de carácter; es la estrategia de negocios más eficiente que existe.

## II. La Gestión de la Confianza

Un título sin autoridad es solo un adorno en una oficina vacía.

Confiar mal también es una decisión, pero corregirla a tiempo es una victoria.

No emprendes cuando quieres; emprendes cuando ya no encajas en el molde de otros.

## III. El Arte de la Supervivencia Financiera

El presupuesto no es una limitación; es el filtro que separa la vanidad de la supervivencia.

Un correo genérico es el primer paso para un negocio invisible.

No se rinde el presupuesto en la calidad de tu descanso.

## IV. El Templo de la Legalidad

Sanear un error fiscal es mucho más caro que haberlo evitado de origen.

La legalidad no es un destino; es la estructura que permite que tu negocio soporte el crecimiento.

## V. El Peso de la Resiliencia

Emprender no es solo gestionar activos; es aprender a gestionar el pánico cuando todo parece ir cuesta abajo.

El éxito no se mide por la ausencia de miedo, sino por la capacidad de romper el silencio con un mantra de guerra.

Hacer el bien cuando más te falta es la inversión más rentable que existe.

## VI. La Marca y la Integridad

Vender por recomendación es un atajo; vender por servicio es un legado.

No hay nada más caro que un negocio «fácil» que te quita el sueño.

Tu nombre es el único activo que no puedes permitirte ensuciar con la incompetencia de otros.

## VII. La Emancipación Técnica y Comercial

La dependencia técnica es el techo que impide el crecimiento de cualquier visión empresarial.

No se escala un negocio desde la distancia; se escala desde el compromiso absoluto con el terreno que pisas.

La autoridad no se pide; se construye entregando conocimiento antes de pedir una venta.

## VIII. La Guerra contra la Deslealtad

La competencia desleal no busca ganarte en calidad; busca que el cliente olvide por qué te eligió.

No compites contra un precio; compites contra la ignorancia de quien cree que lo barato no tiene consecuencias.

## IX. El Éxito como Disciplina

El éxito no es una meta; es un alquiler que se paga todos los días.

Un equipo que no conecta es solo un grupo de extraños compartiendo una nómina.

Nadie vende tu sueño con la misma pasión que tú.

## X. El Futuro y el Legado del Inmigrante

El futuro no es un lugar al que llegas; es un proyecto que construyes mientras los demás esperan.

No emprendes para ver qué pasa mañana; emprendes para decidir qué pasará.

Emigrar no es solo cambiar de país; es arrancarse la piel para que nazca una nueva.

La libertad no es no trabajar; es elegir dónde y por quién hacerlo.

El éxito no requiere una herencia; requiere una obsesión. No emprendes cuando tienes dinero; emprendes cuando tienes el valor de no necesitarlo.

# ANEXO
## Las 50 lecciones que me dejó el camino

Cada una de estas verdades tiene detrás una historia de fracaso, un golpe de realidad o una victoria silenciosa. Las comparto no como mandamientos, sino como las huellas que dejó este camino en mi manera de ver el mundo y los negocios.

### Sobre empezar

1. No necesitas una idea perfecta para emprender; necesitas una idea que te quite el sueño y la voluntad de ejecutarla aunque sea imperfecta.

2. El mejor momento para emprender fue ayer. El segundo mejor momento es ahora mismo.

3. El miedo nunca desaparece; simplemente aprendes a caminar con él sin que te paralice los pies.

4. Emprender no es una decisión de un día; es una sucesión de micro-decisiones que se acumulan hasta que ya no hay marcha atrás.

5. Si esperas a tener todo resuelto antes de dar el primer paso, morirás esperando.

6. La frustración corporativa es la incubadora más fértil para el emprendimiento. Agradécele al jefe que no te valoró.

7. Las reuniones sin agenda y sin decisiones son el cementerio de los emprendimientos que nunca nacen.

### Sobre el dinero

1. Mil dólares bien invertidos valen más que un millón mal administrado.

2. No compres lo que puedas alquilar ni alquiles lo que no necesites todavía.

3. El modelo "As a Service" no es una moda; es la forma más inteligente de empezar sin hipotecar tu futuro.

4. Cada centavo ahorrado en la etapa inicial es un día más de oxígeno para tu empresa.

5. Si no puedes explicar tu estructura de costos en una servilleta, es porque

no la entiendes lo suficiente.

6. Endeudarte para crecer es inteligente; endeudarte para sobrevivir es una señal de alarma.

7. La palabra «descuento» no debería existir en tu vocabulario. Tu producto tiene un precio por una razón calculada.

**Sobre los socios**

1. La amistad previa no garantiza una buena sociedad; la alineación de valores sí.

2. Habla de dinero antes de que el dinero se convierta en un problema.

3. La complementariedad real se descubre trabajando, no planificando en una pizarra.

4. Nunca te vayas a dormir con un conflicto sin resolver. Los rencores silenciosos matan empresas.

5. Si tu socio te hace sentir que tu voz no importa, ese no es un socio; es un jefe disfrazado.

6. La mejor prueba de una sociedad no es cómo celebran los éxitos, sino cómo gestionan los fracasos.

7. Un socio que admite sus debilidades en voz alta vale más que uno que presume de saberlo todo.

**Sobre vender**

1. Si eres técnico, aprende a vender. No es opcional; es una cuestión de supervivencia.

2. No vendas características; vende soluciones a problemas que tu cliente siente en la piel.

3. La primera oportunidad con un cliente es la única. Si no la aprovechas, la pierdes para siempre.

4. Veinte «noes» acumulados significan que el «sí» está cada vez más cerca.

5. El seguimiento constante no es insistencia; es profesionalismo. Lo que mata las ventas es el olvido, no la persistencia.

6. Un correo genérico y una tarjeta mal diseñada son la forma más rápida de perder credibilidad antes de abrir la boca.

7. A los correos y llamadas hay que ponerles una cara. Por eso los eventos presenciales son inversiones, no gastos.

## Sobre la competencia

1. No hables mal de tu competencia; si tu producto es superior, el mercado lo reconocerá solo.

2. Competir por precio es una carrera hacia el abismo donde el único perdedor eres tú.

3. Los «copiones» que roban tus ideas terminan reforzando tu marca ante quien sabe distinguir.

4. Nunca pagues comisiones para que te contraten. Si necesitas sobornar para vender, tu producto no vale lo suficiente.

5. Los aliados comerciales deben pasar por el tamiz más fino; si no responden en una semana, imagina cuando haya un problema.

## Sobre emigrar y emprender

1. Emigrar es un duelo. Emprender al mismo tiempo es un duelo doble que requiere el doble de fortaleza.

2. La humildad cultural es tan importante como la humildad empresarial. Adapta tu estilo al país que te recibe.

3. Tu acento, tu nacionalidad y tus costumbres son parte de tu marca personal. No los ocultes; intégralos.

4. La soledad del inmigrante emprendedor no se cura con compañía; se gestiona con propósito.

5. Nunca emprendas en el extranjero sin asesoría legal y contable local. Lo que no sabes sí puede hacerte daño.

6. Los vínculos que sobreviven la distancia son los que realmente importan. Cuídalos como activos estratégicos.

## Sobre crecer y mantenerse

1. El éxito no es un estado permanente; es un alquiler que se paga todos los días con trabajo y coherencia.

2. El que mucho abarca, poco aprieta. Enfócate en lo que haces mejor y sé el referente en eso.

3. Una empresa sin empatía tiene los días contados. Sé aliado de tu cliente, no solo su proveedor.

4. La humildad de la accesibilidad es la forma más eficiente de liderazgo: que cualquiera pueda llegar a ti.

5. Cada crisis superada es un ladrillo más en la fortaleza de tu organización.

6. El teletrabajo no es una concesión; es una evolución que incrementa la productividad si se gestiona con confianza.

7. Pagar impuestos no es perder dinero; es contribuir al país que te permite generar ingresos.

8. Si el día que te retires tu empresa no puede funcionar sin ti, no construiste una empresa; construiste una jaula.

# ANEXO
## Glosario del emprendedor

A lo largo de estas páginas he utilizado términos técnicos, expresiones del mundo de los negocios y jerga de la industria de telecomunicaciones que quizás no resulten familiares para todos los lectores. Este glosario pretende ser una guía rápida para que ningún concepto se quede sin explicar.

**As a Service (como servicio)**

Modelo de negocio donde se alquilan recursos tecnológicos —como servidores, software o plataformas— en lugar de comprarlos. Se paga únicamente por el uso real, eliminando grandes inversiones iniciales. Gigantes como Amazon Web Services, Google Cloud y Microsoft Azure operan bajo este principio.

**Crossover**

En el contexto empresarial, se refiere al salto que da una compañía cuando trasciende su mercado local para operar a nivel internacional. En el caso de AFE, fue la transición de ser un proveedor nacional de SMS a convertirse en un hub de mensajería para clientes de múltiples continentes.

**Data center (centro de datos)**

Instalación física donde se alojan los servidores y equipos informáticos que soportan la operación de una empresa tecnológica. Puede ser propio, alquilado o estar en la nube.

**Dream team (equipo soñado)**

Expresión coloquial para referirse a un grupo de trabajo donde cada miembro aporta competencias complementarias que, en conjunto, cubren todas las áreas necesarias del negocio.

**Economía de escala**

Principio económico según el cual el costo unitario de un producto o servicio disminuye a medida que aumenta el volumen de producción o ventas. Para AFE, esto significa que cuantos más mensajes procesan, más competitivo es el precio por unidad.

### ESTA (Electronic System for Travel Authorization)

Sistema electrónico de autorización de viaje utilizado por Estados Unidos para viajeros de países con exención de visa. Permite hacer escalas en territorio estadounidense sin necesidad de un visado formal.

### Forecast de ventas

Proyección estimada de los ingresos futuros de una empresa, basada en el análisis de prospectos, probabilidades de cierre y ciclos de venta. Es una herramienta esencial para la planificación financiera.

### Hub (concentrador)

Punto central de conexión y distribución. En telecomunicaciones, un hub SMS es una plataforma que actúa como intermediaria para recibir y distribuir mensajes de texto hacia múltiples operadoras y destinos.

### Identidad corporativa

Conjunto de elementos visuales y comunicacionales que representan a una empresa: logotipo, paleta de colores, tipografía, tarjetas de presentación, página web y cualquier material que proyecte la imagen de la marca ante el público.

### Licitación

Proceso formal mediante el cual una empresa o institución invita a proveedores a presentar propuestas técnicas y económicas para un proyecto o servicio específico. Se selecciona la oferta que mejor cumpla los criterios establecidos.

### Marca personal

La imagen profesional que un individuo proyecta en el mercado, independiente de la empresa para la que trabaje. Incluye su reputación, experiencia, presencia digital y la percepción que otros tienen de su competencia y fiabilidad.

### MoMo (Mobile Monday)

Organización mundial sin fines de lucro que agrupa a profesionales de la industria móvil en eventos mensuales para compartir conocimiento, tendencias y oportunidades de negocio. AFE fundó el capítulo de República Dominicana, el primero del Caribe.

### Rutas grises

En la industria de mensajería, se refiere a canales de envío de SMS que no cumplen con los protocolos oficiales de las operadoras telefónicas. Son más baratas, pero presentan fallas en la entrega, carecen de garantías de seguridad y pueden ser utilizadas para fraude o suplantación de identidad.

### SLA (Service Level Agreement)

Acuerdo de nivel de servicio. Es un contrato o compromiso formal entre un proveedor y su cliente que establece los estándares mínimos de calidad, **tiempos de respuesta y disponibilidad que el servicio debe cumplir.**

### SMS (Short Message Service)

Servicio de mensajes cortos de texto, transmitidos a través de las redes de telefonía móvil. Pese a la aparición de aplicaciones de mensajería instantánea, el SMS sigue siendo el canal más seguro y universal para comunicaciones críticas como alertas bancarias y códigos de verificación.

### SMPP (Short Message Peer-to-Peer)

Protocolo estándar de la industria de telecomunicaciones utilizado para el intercambio de mensajes SMS entre proveedores de contenido y operadoras telefónicas. Es el lenguaje técnico que permite que los mensajes se transmitan de forma estandarizada.

### Startup Weekend

Evento intensivo de emprendimiento que dura un fin de semana, donde los participantes desarrollan una idea de negocio desde cero, formando equipos, creando prototipos y presentando sus proyectos ante un jurado.

### Teletrabajo

Modalidad laboral donde los empleados realizan sus funciones desde su hogar u otro lugar fuera de la oficina, utilizando herramientas tecnológicas para la comunicación y el seguimiento de tareas.

### VPN (Virtual Private Network)

Red privada virtual que crea un canal seguro y encriptado de comunicación entre dos puntos a través de Internet. Es esencial para proteger la transferencia de datos sensibles entre una empresa y sus clientes o proveedores.

# Carta abierta al emprendedor que duda



*Querido amigo que duda:*

*Sé lo que sientes. Lo sé porque lo viví. Esa sensación de tener una idea que te quema por dentro pero que no te atreves a sacar porque el miedo es más fuerte que la convicción. Esa parálisis que disfrazas de prudencia, esas excusas que fabricas cada noche para justificar que «todavía no es el momento». Te conozco porque fui tú. Más de una vez.*

*Dudé cuando tuve que decidir si confiar en un socio que acababa de conocer. Dudé cuando el primer negocio fracasó y el segundo también. Dudé la noche antes de subirme a un avión con mi gata en los brazos, dejando atrás todo lo que conocía para empezar de cero en un país que no era el mío. Y dudé incluso cuando ya habíamos ganado nuestro primer cliente, porque una parte de mí seguía convencida de que todo se derrumbaría al día siguiente.*

*Pero aquí está la verdad que nadie te dice: la duda no es lo opuesto del coraje. Es su compañera de viaje. Las personas más valientes que conozco no son las que carecen de miedo, sino las que actúan a pesar de él. La duda solo se convierte en un problema cuando la dejas sentarse en el asiento del conductor. Mientras tú sigas conduciendo, ella puede ir de copiloto todo lo que quiera.*

*No te voy a mentir diciéndote que todo saldrá bien. No lo sé. Lo que sí puedo decirte con absoluta certeza es que la peor versión del fracaso es más soportable que la tortura silenciosa de no haberlo intentado. El fracaso tiene fin; el arrepentimiento por no haber actuado no lo tiene. Se queda contigo para siempre, como una pregunta sin respuesta que te visita en las noches de insomnio: «¿Qué habría pasado si...?».*

*No necesitas tener un plan perfecto. No necesitas tener todo el capital. No necesitas conocer a tu socio desde la infancia. Lo que necesitas es una decisión. Una sola. La de decir: «Hoy empiezo, con lo que tengo, desde donde estoy». Todo lo demás se va resolviendo en el camino. No de forma mágica ni sin dolor, pero se resuelve. Siempre se resuelve para quien decide no rendirse.*

*Cuando dudes, recuerda esto: en algún lugar del Caribe, dos desconocidos con mil dólares entre los dos y una idea en una servilleta construyeron una empresa que hoy opera en varios continentes. No lo hicieron porque fueran genios ni porque tuvieran suerte. Lo hicieron porque un día decidieron dejar de dudar y empezar a hacer. Ese día puede ser hoy para ti.*

*Somos los mejores y no tenemos miedo.*

*Con cariño y con fe,*

*Francisco Navia*

# ANEXO
## Línea cronológica de AFE

Detrás de cada hito de AFE hay una historia de esfuerzo, riesgo y determinación. Esta cronología condensa los momentos clave que marcaron nuestra evolución, desde aquella primera reunión en un centro comercial de Caracas hasta la consolidación como referente internacional.

### 24 de enero de 2012

Primera reunión entre Francisco, Elizabeth y Ángela en el Centro San Ignacio de Caracas. Nace la idea de lo que sería AFE.

### Marzo de 2012

Se define el nombre AFE Connecting Group y se inicia el proceso legal de constitución en República Dominicana.

### 10-13 de abril de 2012

Primer viaje a Santo Domingo. Se firman los documentos de constitución, se visitan telefónicas y se realiza la primera reunión comercial con el Banco Dominicano del Progreso. Nacimiento oficial de AFE.

### Mayo de 2012

Segundo viaje. Primera experiencia de viaje solo entre Francisco y Ángela. Se forja la confianza entre los dos socios principales.

### Junio de 2012

Tercer viaje con siete reuniones en un solo día. Se amplía la red de contactos comerciales.

### 27 de junio de 2012

AFE recibe la notificación de que el Banco Dominicano del Progreso será su primer cliente. Han pasado tres meses y dos días desde la fundación.

**Segundo semestre de 2012**

Elizabeth renuncia a la sociedad. AFE pasa de tres a dos socios. Francisco y Ángela asumen la totalidad de la operación.

**Diciembre de 2012**

Se obtiene la «luz verde» definitiva del Banco Dominicano del Progreso tras completar todo el papeleo legal y la integración técnica.

**1 de marzo de 2013**

AFE cobra su primer cheque. Tras un año sin ingresos, la empresa genera su primer flujo de caja.

**2013**

Se incorpora la principal aseguradora de salud del país como segundo gran cliente. Francisco renuncia a su empleo en Caracas.

**2014**

AFE desarrolla su propia plataforma tecnológica, eliminando la dependencia de Teracom. Se reduce el costo operativo en un noventa por ciento.

**17 de septiembre de 2014**

Francisco emigra definitivamente a Santo Domingo acompañado de su gata Sophia. Los directivos de AFE se instalan en la isla.

**2015**

AFE funda el capítulo dominicano de Mobile Monday, el primero del Caribe. La revista Forbes incluye a la empresa en su lista «Top 30 Promesas de Negocios».

**2015-2016**

Participación en foros internacionales, publicación de artículos especializados y mentorías en Startup Weekend y otras incubadoras. Se consolida la marca AFE como referente en tecnología móvil.

## 2016-2017

Inicio del crossover internacional. AFE se convierte en hub SMS de República Dominicana para agregadores de múltiples continentes. Los ingresos internacionales superan a los locales.

## 2017

Celebración del quinto aniversario en el Marriott Blue Mall de Santo Domingo. AFE cuenta con clientes en diversas verticales y países.

## 2018-2019

Expansión sostenida. Se firman contratos con redes sociales, bancos transnacionales y servicios de transporte global. Asistencia continua a eventos SMS Contact en Estados Unidos y España.

## 2020

La pandemia del COVID-19 obliga a replantear procesos. AFE implementa el teletrabajo permanente con resultados de productividad superiores a los presenciales.

## 2021 en adelante

Consolidación como empresa ligera, descentralizada y altamente especializada. AFE opera con presencia en múltiples continentes, procesando millones de mensajes mensuales con un equipo compacto y de primera línea.

*Lo que empezó con mil dólares y una idea en una servilleta hoy es una empresa que opera en varios continentes. La historia continúa.*

# SOBRE EL AUTOR

**Francisco Navia** (La Guaira, Venezuela). Su visión del mundo y de los negocios ha sido moldeada por una trayectoria que une la precisión técnica con una profunda sensibilidad humana. Actualmente se desempeña como Director General de AFE, un proyecto que nació de su pasión absoluta por el trabajo, sentimiento que se refleja en cada idea que esboza y en cada línea que escribe.

Su capacidad de liderazgo y visión innovadora fueron reconocidas internacionalmente en el año 2015, cuando la revista Forbes lo incluyó en su prestigiosa lista «Top 30 Promesas de Negocios», destacándolo como uno de los jóvenes referentes con el potencial de liderar su generación en distintas áreas del conocimiento y los negocios.

Es Licenciado en Ciencias de la Computación por la Universidad Central de Venezuela, cuenta con estudios de Gerencia de Servicios del IESA y un máster en Dirección Avanzada para el Gobierno de las Organizaciones otorgado por el ISEAD. Durante varios años, Francisco volcó su experiencia en las aulas como docente universitario y es autor de diversas publicaciones científicas especializadas en temas de vanguardia, como redes neuronales artificiales para el procesamiento de señales, algoritmos genéticos y planificación estratégica para grupos de trabajo holográficos. También ha colaborado con medios como Computer World Magazine, aportando su visión sobre cómo sobrevivir a la estrategia social corporativa.

Más allá de los algoritmos y la gerencia, Francisco posee una profunda faceta artística como escritor, director y actor de teatro. Formado en el Centro de Estudios Latinoamericanos Rómulo Gallegos (CELARG), ha participado en diversas producciones teatrales y espacios de creación joven, demostrando que la sensibilidad humana y la lógica empresarial no son mundos opuestos, sino las dos caras de una misma moneda.